点亮艺术之眼

——伟大的博物馆

伟大的
博物馆

Palazzo Pitti Firenze

佛罗伦萨
皮蒂宫

〔意大利〕西尔维斯特拉·贝托莱蒂 编著
项 好 译

内蒙古科学技术出版社

前言

皮蒂宫早在 1461 年就已存在于世。根据一份关于这座宫殿的最早档案记载，我们得知是卢卡 · 皮蒂（佛罗伦萨的富商兼美第奇家族最有力的竞争者）命人在波波利山上富饶的家族产业中建造了这座宫殿。然而，尽管瓦萨里断言皮蒂宫的建筑师是菲利波 · 布鲁奈莱斯基，大部分人也支持这一判断，但是并没有任何契约文件可以证实此说法。我们唯一可以确信的是，在 15 世纪时，这栋建筑比如今的规模要小，没有正面延伸的两翼，也没有朝向花园的深径。直至 1473 年卢卡 · 皮蒂逝世时，皮蒂宫仍未竣工。此后，他的“死对头”美第奇家族执掌了权力，这座精美绝伦的建筑也基本注定了落入美第奇家族掌中的命运。果不其然，1550 年埃利诺拉 · 托雷多——科西莫 · 美第奇一世之妻，以 9000 盾币（意大利古货币）的价格买下了主体建筑和其他产业（花园、附属建筑和前面的广场）。

当时，科西莫和埃利诺拉居住在佛罗伦萨共和国的标志性建筑——旧宫中，他们考虑可以将皮蒂宫改造成新的宫殿，作为君主居所。于是新王宫就此诞生，与佛罗伦萨共和国的过去有关的记忆也渐渐远去。（译者注：1532 年佛罗伦萨成为公国。1567 年，美第奇家族的科西莫获大公称号，两年后建立托斯卡纳大公国，史称科西莫一世。佛罗伦萨成为公国首府，共和国名存实亡）为了完成皮蒂宫的修建，特别是扩建工程，巴托罗梅奥 · 阿曼纳蒂保持了建筑正面规模的原貌，并将其进深扩大了两倍，同时增建了两翼。值得玩味的是，数十年间，美第奇家族并没有常住皮蒂宫，而是将其作为类似奢华酒店的高级代表处，供王公贵族、外交使臣过夜，或是在此举行宫廷的世俗仪式。为此，科西莫要求宫内许多房间都使用美第奇家族收藏的古代雕塑进行统一装饰。1564 年时，旧宫（官方住所）和皮蒂宫（代表处所在地）直接通过一条空中走廊连接起来。这条走廊的建造者是瓦萨里，其建造目的是便于美第奇家族成员、高贵的客人和随从在两个寓所间实现快速转移，以避免人群拥挤的危险。

直到 1589 年，费迪南德一世和克里斯蒂娜 · 洛林结为连理之时，皮蒂宫才成为宫廷的官方住所。美第奇家族繁衍生息，再加上几世同堂的习俗，包括旁系和成为主教的子嗣，整个家族均住在同一所宫殿中，这决定了皮蒂宫的进一步发展。人口的增加使得宫殿的大型扩建势在必行（朱利奥 · 帕里吉 —— 阿曼纳蒂的学徒将宫殿的正面加长，变成如今我们见到的样子），同时也开始着手进行奢华的内部装潢：乔瓦尼 · 圣乔瓦尼为一楼的夏季寓所进行了湿壁画创作（即现在的银器博物馆所在地），而彼得 · 科尔多纳、萨尔瓦托 · 洛萨以及齐罗 · 腓力则将宫殿的二、三层西翼代表处寓所的拱顶绘满了与寓言和占星学有关的壁画（即现帕拉蒂那画廊所在地）。同时，在宫殿外部还设计有令人叹为观止的巴洛克风格花园。18 世纪初期，美第奇家族渐渐淡出了历史舞台，由洛林家族取而代之。他们成了皮蒂宫的主人，将居所迁到二、三层的东翼，即原美第奇家族主教和旁系子弟所居之处。整个 18 世纪，宫殿内部进行了多次重新架构（比如斯图奇厅，又称白色大厅），而在结束了拿破仑的统治之后，皮蒂宫的命运迎来决定性转机。1828 年，阿斯伯格的雷波尔多 · 洛林二世颁布政令，宣布帕拉蒂那画廊正式向公众开放。画廊选址在皮蒂宫西侧（原美第奇家族住所），里面收藏有 500 幅绘画艺术杰作，来自美第奇家族各个分支的收藏系列。

宫廷依旧保持在宫殿东侧（萨沃依家族也循例如此），而公众则能够在宫殿西侧的展厅中如痴如醉地徜徉。1834 年，帕拉蒂那画廊正式落成。参观者可以在工作日 9 至 15 时和节假日 9 至 12 时入内参观，周日不对外开放。画廊在入口处实施特殊管控：“衣着得体者”方得入内。在画廊展厅内四散着一些监察员，他们承担着安保的责任，同时必须熟练掌握法语 —— 必要时他们需要使用两种语言评论在展杰作。当然，这类“文化附加服务”只向重要访客提供。那么这些为重要客人特别指出的杰作具体是哪些呢？您手中的这本书将为您一一揭晓。

马可 · 卡尔米纳蒂

目 录

佛罗伦萨皮蒂宫

自16世纪中期被埃利诺拉·托雷多作为家族的府邸买下后，皮蒂宫在之后的数个世纪中共接纳了三个王朝——即美第奇王朝、洛林王朝和萨沃伊王朝——这三个标志了意大利历史的王朝，在这一历程中不断丰富其建筑装饰、摆设和艺术品，其中绝大部分留存至今，与作为皇家寓所的宫殿一起，见证了自文艺复兴后期到1946年之间广阔的时间跨度内意大利的文化发展和审美情趣变化，对整个欧洲历史来说都有着举足轻重的意义。

皮蒂宫功能的变化导致其“自然”扩张，宅邸和波波利花园的一系列扩建也由此引发。宫殿因艺术家受雇进行的奢华装饰和不断购入的古今艺术品、工艺品、喷泉、来自异域的奇花异草而丰富，由不竭的代代相传的艺术激情所支撑。从殿内更迭的当权家族，到19世纪中期为这座恢宏的意大利宫殿而设的博物馆管理者，都为这座宫殿煞费苦心。

直至16世纪末期，皮蒂宫内仍在进行重要的壁画创作，作者均为当时托斯卡纳艺术界的声名赫赫的画家，这再次证明了佛罗伦萨公国对艺术质量的重视。费迪南德一世时期，由亚历山大·阿洛里和其工作室以日常生活为主题创作壁画的大敞廊完成装饰，帕西尼阿诺、雅各布·利果兹、贝尔南迪诺·波切蒂、克里斯托法诺·阿洛里和卢多维科·奇科利负责的“红衣主教和外国贵胄区”也完成了装饰。

1634年，费迪南德二世与维多利亚·德拉·罗维莱成婚，推动了皮蒂宫最著名也最令人欣喜的一轮装饰，即大公夏季寓所的装潢。此一区域壁画的任务由乔瓦尼·圣乔瓦尼负责，最后由切科·布拉沃、奥塔维奥·瓦尼尼和弗朗西斯科·弗里尼共同完成，“伟大的洛伦佐”在画中被反复颂扬，不时成为“被赶出巴那斯山的阿波罗和缪斯的

第 10 页：
雅各布·比利维尔特（根据贝纳尔德·博塔兰蒂的草图所作）
花瓶
1583 年
材质：青金石
银器博物馆收藏

热心客人”“艺术家知书识礼的赞助者”“教皇虔诚的先祖”，或与皮科·德拉·米兰多拉、马尔西利奥·费奇诺和阿诺罗·波利其阿诺一起，位列柏拉图学院的主要人物之一，甚至还作为因对艺术慷慨支持而成就不朽荣耀的王朝奠基者的形象出现，以此来赞颂美第奇家族对文学艺术的赞助与保护。（译者注：巴那斯山，希腊神话中阿波罗和缪斯的居所；皮科·德拉·米兰多拉，意大利文艺复兴时期哲学家。其著作《论人的尊严》被称为“文艺复兴时代的宣言”；马尔西利奥·费奇诺，意大利哲学家、人文主义者和占星学家，新柏拉图学院掌门人；阿诺罗·波利其阿诺，意大利 15 世纪的诗人、人文主义者和剧作家。）

自 1923 年起，与大公夏季寓所毗邻的数个房间被辟为银器博物馆，展览着餐具、家具、地毯、珠宝首饰、中国风格的工艺品等珍贵的收藏，展品时间跨度大，涵盖属于洛伦佐的花岗岩花瓶到维多利亚时代的金银细工首饰等。房间内装饰着安杰洛·米盖莱·科洛那和阿格斯迪诺·米代利所绘的迷人画作——他们利用巨大的具有欺骗性的视觉陷阱，让空间看上去更奢华宽广、富丽堂皇，似乎不复为宫殿一层肃穆阴沉的房间了。

以罗马教皇乌尔巴诺八世为学习榜样，费迪南德二世的文化艺术修养与日俱进。大公夏季寓所内不断丰富关于彼得·达·科尔托纳的作品的收藏。此人绘制了与大公卧室相邻的、俗称“火炉小间”

花瓶
1619 年前
材质：天然水晶
银器博物馆收藏

萨拉齐工作坊
鸟形花瓶
1580 年前后
材质：天然水晶
银器博物馆收藏

内的湿壁画，并用一幅《人的一生》（金、青铜、紫铜和铁）为之装饰。这幅画体现了一种创新的绘画风格，并在之后决定性地影响了托斯卡纳艺术。另外，他也是“行星”系列居室装饰的设计者，此装饰即用一系列绵延的大型湿壁画和拉毛粉饰过的白色镀金檐柱装饰着房间。以维纳斯居室（金星）为始，后面依次是阿波罗居室（太阳）、玛尔斯居室（火星）、朱庇特居室（木星）和萨图尔诺居室（土星），讲述了一名王子接受教育和取得功勋的故事。

1647 年，科尔托纳在阿波罗居室施工期间中止了装饰工程，其学徒齐罗 · 腓力接过并完成了此项工作，后者代表了绘画乃至建筑界的革新。事实上，尽管这栋建筑早已存在，带有文艺复兴时期的烙印，但建筑师通过对其比例规模进行的魔术般的调整，创造出具有复杂空间感和动态感的惊人效果。

在费迪南德二世统治时期，波波利花园获得了更恢宏的面貌。

鹦鹉螺杯
16 世纪
材质：以银绘制和装饰
银器博物馆收藏

在其父科西莫二世时期便开始的扩建工程最终完成，花园的空间沿着柏树大道扩张，定义了整个横向布局的宽度，从中央饰有海洋喷泉（1571—1576 年，强姆博洛尼亚在红色花岗岩上建造的作品）的岛屿池延伸到圆形露天剧场区域，在越过朝鲜蓟喷泉的格罗塔·迪·莫塞悦目的景观设计之后，彰显出巴托罗梅奥·阿曼纳蒂设计的庭院——这位以原创思想和出神入化的熟练技艺领导了新皇宫改造的建筑师，极为熟悉布鲁奈莱斯基为皮蒂家族所建的宫殿原先的核心部分，并以不同寻常的艺术敏锐和文化修养，完成了改造工作。

同时，这座宫殿依照一个目标明确的收藏计划，不断丰富其雕塑和绘画作品方面的收藏。早先，科西莫一世便为建造文物兵器室而收藏了埃特鲁斯时代的青铜器和罗马时代的大理石雕塑，而后其孙子科西莫二世为在二楼朝向庭院的敞廊布置现代画廊，又不断购入绘画作品。这里说的现代画廊是现在帕拉蒂诺画廊的核心——1834 年在雷波尔多·洛林二世的授意下，向通过甄选的民众开放。

此后，红衣主教雷波尔多和费迪南德大公的绘画陈列室为皮蒂宫的收藏品贡献了更令人叹服而意义深远的藏品。到科西莫三世时，即 17 世纪末到 1713 年间，他对这两个系列非凡的收藏酌情梳理，

瓦莱里奥·贝里
《饰有故事画片的首饰盒》
1532 年
材质：金包银、珐琅、天然水晶
银器博物馆收藏

乔瓦尼·安东尼奥·德罗西
《科西莫·美第奇、埃利诺拉·托雷多和孩子们》
材质：玉髓侧面浮雕
银器博物馆收藏

重点突出了其中最为闻名遐迩的作品，其中就有提香的《演奏会》和拉斐尔的《巴尔达奇诺圣母》。18 世纪中叶，在强·加斯托内·美第奇逝世之后，托斯卡纳大公国的权位被授予了斯坦法诺·洛林，政府则被托付给了摄政院，于是皮蒂宫经历了一段停滞不前的岁月，这种低谷在与当时流行脱节的装饰和收藏品中表现得十分明显。但是 1761 年，当彼得·雷波尔多夺得托斯卡纳的王座后，情况发生了微妙的变化。

这位新任大公上位后第一件根本意义上的革新就是选定皮蒂宫的右翼作为自己的居所，任命格拉托和琼贡多·阿尔贝托里这两名来自卢加诺（瑞士南部城市）的拉毛粉饰工着手装饰。上述二人当时正忙于乌菲齐宫和位于帝王丘的美第奇家族别墅的装饰工程。正是他们为皮蒂宫的新装潢贡献了许多令人啧啧称奇的发明，其中就包括斯图奇大厅（拉毛装饰厅），如今因其建筑构架的密集光照凸显了背景典雅的淡而柔和的色调——珍珠灰、柔粉和嫩绿——而以“白色大厅”名字更为出名。

现代性和理性是洛林家族所推动的收藏活动的显著特征，因这一系列收藏活动，皮蒂宫配置了新的设施和符合其功用的服务，标志着对传统中“建造是为了增加”这一概念的最终突破，从而转向

大公手工作品
1610 年
以贝尔纳迪诺·波切蒂和雅各布·利哥齐作品为模版，桌面以花岗岩连接
帕拉蒂那画廊收藏

明确的功用性设置，这是新古典主义的典型特征。费迪南德·洛林三世委托米兰人路易吉·阿德莫罗以及托斯卡纳人路易吉·卡塔尼和安东尼奥·丹佩斯提进行的新装饰具有新古典主义的烙印。阿德莫罗负责的是位于宫殿一层某居室的帕拉蒂那礼拜堂湿壁画——这一居室在 1574 年由阿曼纳蒂建造，在之前的岁月里曾具有各种迥异的功用。卡塔尼负责的是大公的盥洗室和浴室，丹佩斯提负责的则是音乐大厅。这些是宫殿三层特意为新任君主所辟的空间，此居室后来曾为法兰西王后玛利亚·美第奇居所。在她与纳瓦拉的恩里科四世成婚之际，正是在此地，伴着奥塔维奥·里努契尼的音乐，上演了雅各布·佩里为他们婚礼所创作的音乐剧《尤莉狄切》。

另外，阿德莫罗、卡塔尼和路易吉·萨巴戴利还曾被聘用数年，以对皮蒂宫中为款待帕尔马波旁家族的玛利亚·路易莎而设的空间进行装饰——玛利亚·路易莎在 1801 年《吕内维尔条约》签订后不久被选为埃特鲁里亚的王后。

不久，皇帝拿破仑将托斯卡纳公国的爵位授予了其妹艾丽莎·巴乔齐。艾丽莎·巴乔齐在结束对卢卡公国的统治之后，定居在佛罗伦萨的皇宫内，推动了新的工程进行，特别是为接待皇帝伉俪（皇后为阿斯布尔格的玛利亚·路易莎）所预留套间的装潢。新的工程主要涉及了建筑规划方面的修改，负责人是朱塞佩·卡查里，入选的绘画主题必须能与巴洛克风格装饰的审慎寓意相符，这一问题让人颇费思量，可惜还未寻到解决之道便为时已晚——在拿破仑倒台、维也纳和会召开之后，洛林政府复辟，提出了一些符合并颂扬王权统治理想的主题装饰建议，这实际上与时代旋律并不符合。然而，受邀参与装饰的画家还是坚持完成了任务。由路易吉·阿德莫罗设计的系列主题中只有阿尔卡居室（约柜居室）完全按照其初衷完成了建造——楼阁周围环绕着大卫王的仪仗队伍和抬着约柜的希伯来人民，表现出非凡且脱俗的戏剧效果。

彼得·本韦努蒂在年轻的朱塞佩·贝佐里帮助下为海格力斯居室（大力神居室）绘制湿壁画，而路易吉·萨巴戴利则完成了“行星”系列居室的装饰工程，其中大型的伊利亚特居室模仿了彼得·达·科尔多纳精研的巴洛克式的装饰，并在其中融入了现代感。在天花板上，《神圣会议》因人物的亲切优雅以及与拱顶钴蓝色相配的鲜亮色彩，而显得十分迷人惹眼。

在复辟时期，美化工程主要在日晷楼进行，当时这栋为雷波尔多二世而建的建筑刚刚竣工。比起皮蒂宫壮观的寓所，雷波尔多二世偏爱更私密的空间大小和更平民化的环境。朝向波波利花园的大公新寓所的装潢在19世纪30年代完成，体现出充分的浪漫主义文化内涵，将来自传统经典文学和《圣经》选段的训诫事迹形象化——

雅各布·比利维尔特和贝尔纳迪诺·加夫里
《森诺里广场（绅士广场）景观》
1500 1600年
材质：花岗岩与金银器博物馆收藏

贡多拉形状的项坠
1570 年前后
慕尼黑金银细工
银器博物馆收藏

穿着士兵服的卡拉莫乔
17 世纪末
德国金银细工
银器博物馆收藏
（译者注：卡拉莫乔，17 世纪佛罗伦萨地区出产的畸形或滑稽小人雕像）

于是，朱塞佩·贝佐里绘制的《恺撒的事迹》与加斯佩罗·马尔戴利尼的《多俾亚传》和《以斯帖记》相映成趣；而《伊利亚特》的主题——比如锡耶纳人弗朗西斯科·南齐的《尤利西斯在阿尔奇诺宫殿》和罗马历史上的奇闻异事——如安东尼奥·马里尼的《科尔内莉亚和卡普阿诺妇女》（热情好客、母性美德的模范代表）比邻而居。不过，考虑到文学来源的现实性，尼古拉·齐法奈利负责的房间可谓别出心裁——以清新活泼的风格和 17 世纪佛罗伦萨绘画类型中最为突出的明亮感为基调，选取《约婚夫妇》场景片段进行装饰。这一风格深受博闻强识、要求严苛的收藏家红衣主教雷波尔多·美第奇赞赏。

当时盛行的审美文化与语言纯洁主义的准则具有内在的一致性——将拉斐尔的作品作为艺术的完美典型，认为 14、15 世纪的绘画具有简单淳朴的道德意义。雷波尔多二世为皮蒂宫收藏品增添了重要的画作，如拉斐尔的《多尼像》和佩鲁吉诺的《哀悼耶稣之死》，至今仍保存在佛罗伦萨皮蒂宫中。这些高质量的作品和费迪南德三世购买的许多其他作品（比如拉斐尔的《大公的圣母像》）一起，进入了当时刚揭幕的帕拉蒂那画廊，为之增光添彩。在萨沃伊家族统治的岁月里，皮蒂宫内部没有进行重要的改造；维托里奥·埃马努埃莱二世更喜欢将日晷楼作为自己的住所，认为其事实上和宫廷接待的标准完全相符，摆放有王座的大厅同样具有正式性。

有婴孩的摇篮
1695 年前后
荷兰金银细工
银器博物馆收藏

唯一真正意义上的革新发生在 19 世纪末期——路易吉·德·莫罗建造了新文艺复兴式的大阶梯，即那条著名的连接帕拉蒂那画廊入口房间的阶梯，两边装饰着精准对称的楣柱，为这片环境赋予了地道的巴洛克风格"绘画陈列室"的壮丽和豪华。直到 1946 年人民公投之时，皮蒂宫一直维持着其作为皇家寓所的实际功用。自 1919 年起，宫殿就成为国家财产，当时三楼正准备修整为现代艺术画廊。这项审慎的博物馆计划倾向于表现出一种文化延续性，从过去数个世纪内伟大的形象艺术传统——帕拉蒂那画廊拥有着无与伦比的财富——传承直至当代，留下珍贵的遗产，我们应当能从中汲取推陈出新所必需的能量和活力。同时，画廊的与时俱进也充分表现在对斑痕绘画和 20 世纪初期艺术品的收藏中，斑痕绘画这种绘画方式可以追溯到通过对"斑点"组合进行创作的文艺复兴之前的画家艺术。

随着各类博物馆，如银器博物馆、瓷器博物馆、马车博物馆、皇家寓所相继对外开放，收藏在其中的美第奇家族、洛林家族以及萨沃伊家族的收藏品，在房间中按照其形成和发展得到了妥善安置，皮蒂宫将继续书写自己的辉煌篇章。

佛罗伦萨皮蒂宫

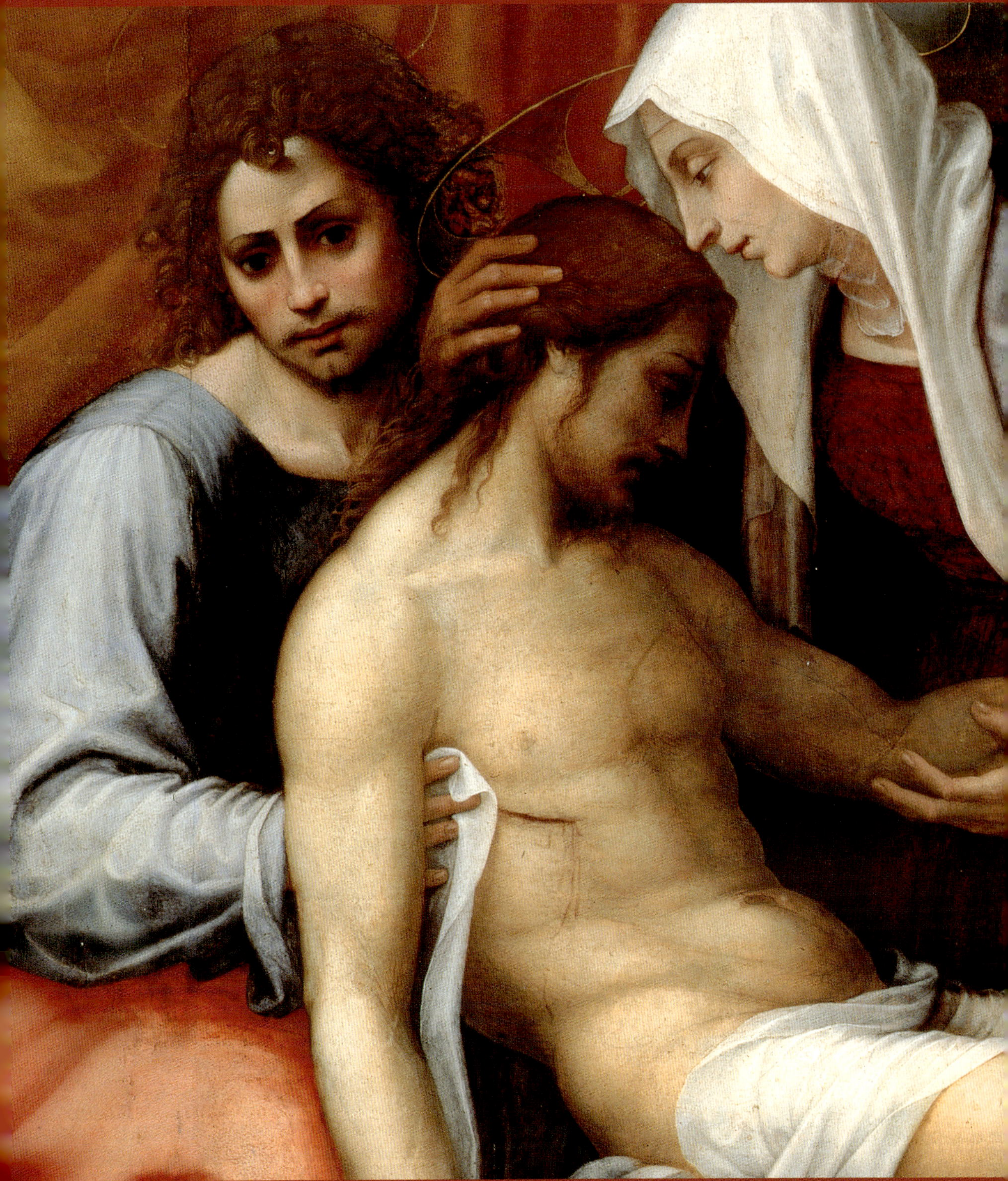

主要馆藏

菲利波·里皮

《抱子圣母》1452—1453

木板蛋彩画

直径 135cm

前景中是一张椅背呈拱形的王座，圣母坐在其上，将目光从圣子身上移开，转向我们，似乎是邀请我们聆听她背后场景中的故事——通过出色的绘画透视，画面娓娓地讲述着与玛利亚有关的片段，即“安娜和乔阿基诺相遇”与“童贞玛利亚的诞生”。

很有可能，这幅画是 1452 至 1453 年间在莱昂纳多·巴尔托里尼的委托下创作的——当时菲利波·里皮刚开始为普拉托大教堂的唱诗台进行装饰工作，题材则选用了施洗者约翰和圣徒斯坦法诺的故事。画家鲜妍的用色和娴熟的笔法使得这幅杰作在完成质量和画面创意方面脱颖而出，同时在细节方面也力求完美——这些组成因素与具有“痛风者”皮耶罗（“伟大的洛伦佐·美第奇”之父）思想特征的佛罗伦萨文化一致，逐渐倾向于更世俗而多样化的过度矫饰。

里皮初出茅庐时，曾以 15 世纪托斯卡纳最声名远播的经典作品——卡尔米内的布朗卡其礼拜堂中玛索里尼和马萨乔的湿壁画为师，学到了简朴的人文主义色彩的绘画技巧，也成就了其首要的艺术手法。礼拜堂与 1419 年画家许下誓愿的修道院毗邻，30 年代初期他正是在这家修道院进行了湿壁画《加尔默罗修会戒律得到确认》的创作，一直以来评论界认为此作品与边上马萨乔的《教堂成立纪念日》具有风格上的承袭关系。正如画作镶板背后的资产清查数字所示，自 16 世纪起这幅作品就成了美第奇家族的收藏品。

佩鲁吉诺

《哀悼耶稣之死》1495

木板蛋彩画
220 cm × 195 cm
1808 年成为收藏品

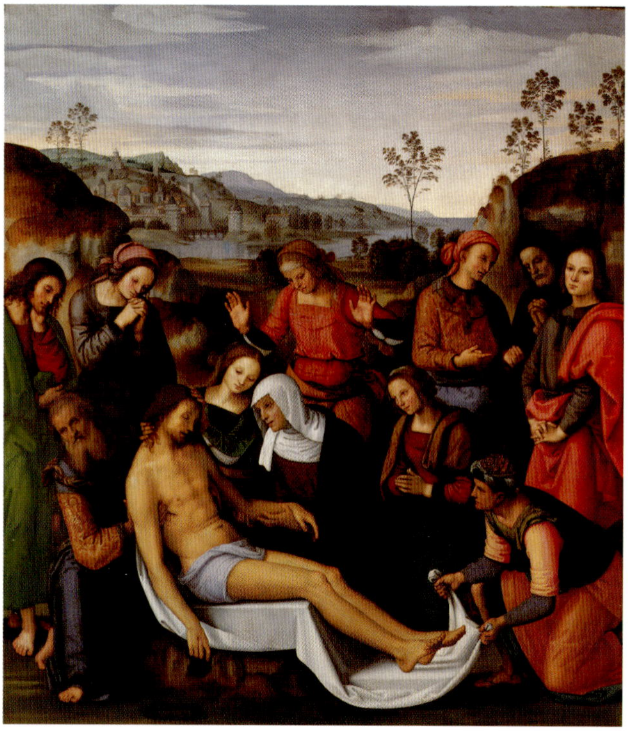

在耶稣遗体之下的石块上，标注着作者的签名和日期。这幅画在 1808 年拿破仑打击修会之后来到了佛罗伦萨美术馆，1819 年被收入帕拉蒂那画廊，自此一直被放置在萨图尔诺居室（土星居室）中。画中人物尽管姿态各异，但动作似乎都凝固了。根据伪《福音书》所述，他们都参加了这个令人触目神伤的葬礼——耶稣躺在作为其裹尸布的白色床单上，其他人围绕在遗体四周。在一种舒缓而深思熟虑的叙述节奏中，跪着的人围作一圈，站着的人们则因悲痛而克制的情绪相呼应。另一头，在怪石嶙峋的峭壁那边，风景沿着风平浪静的海岸延伸向城市和城堡群。光线平铺开来，突出了画面庄严肃穆的基调。只有地平线那端具有明显寓意，天空的湛蓝被分割开，在日光的照耀下形成精妙绝伦的逆光景象。借用瓦萨里的原话来说，这幅画的非凡之处体现在“用色的飘忽不定和创新”，是为全国画界翻开新篇章的发明。同时，最终也是具有决定性意义的是，画中场景动人的笔调使得这幅佩鲁吉诺为圣齐亚拉的修女所绘的画作成为他最重要的代表作之一。画作展示了画家精心研究的画技以及在描绘场景时将伦理和情感价值融入人物崇高之美中的思想。画作创作于佩鲁吉诺在佛罗伦萨活动的巅峰时期，后来成为许多托斯卡纳和翁布里亚衍生画派模仿的范本。

在光线惨淡的天空下，瘦弱的树伸出稀疏的枝丫。这是佩鲁吉诺年轻时就钟爱的与众不同的绘画元素，之后在其佛罗伦萨与翁布里亚的追随者和学生作品中反复出现。

圣母的面容映衬在白色的面纱和头巾之间，满刻着痛苦的痕迹，显示出强忍着的悲恸，按照画家的设想，圣母应被表现为沉浸在深深的默祷里，而非卷入痛苦的精神折磨中。

在放置着耶稣圣体的石头上，画家签署了自己的名字和成画日期。这证明他对这幅画的审美和绘画技法的价值具有充分自信。

菲利皮诺·里皮

《卢克雷齐娅传说》约 1480

木板蛋胶画
42 cm × 126 cm

庄严的建筑场景闪耀着漫射的光——《卢克雷齐娅传说》——由提托·李维奥讲述的罗马新娘因遭到奸污而羞愤自尽的故事，被浓缩在三幅严格按照时间先后顺序排列的画中。这是菲利皮诺青年时期的作品，作画时间应是其师从波提切利学艺之时或稍迟。画作取材于其老师的一幅作品，除这幅之外画家还创作了不少同一主题的不同版本。画面以平稳的方式叙述着这个罗马传说故事，而画家采用的将空间和其中包括的人物放置在一个三维整体中的方法更加强了这种从容不迫，如此画中便不存在情感的波动，取而代之的是令人黯然的淡淡忧伤。在这幅画创作的同时，菲利皮诺正受雇完成卡尔米内的布朗卡其礼拜堂的装饰工作，当时这栋建筑因玛索里尼和马萨乔动身前往罗马而未能竣工。这幅画有一幅姊妹篇，同样以“三部曲”的方式呈现，即《弗吉尼亚传说》（现存于巴黎卢浮宫）。两幅画相同的尺寸和对女性美德颂扬的主题让人猜测可能原先都是婚礼用屉柜的正面。但也有可能含有与这两个传说发生时期有关的反抗暴政专制的政治意味，是佛罗伦萨某个宫殿房间的床头装饰。或许《卢克雷齐娅传说》就是 1827 年卡尔纳里骑士遗赠给佛罗伦萨诸美术馆的那幅作品。

乔尔乔内

《人一生的三个年纪》约 1500

木板蛋彩画

62 cm × 78 cm

自 1698 年起成为费迪南德大公收藏品

老人、少年和一名风华正茂的男子围在一页乐谱边，沉浸在深入的讨论中。画家将这三个人物形象表现在一个紧凑的平面内，仿佛要引导我们加入他们的对话一般。这是对传统题材的再诠释，之前 15、16 世纪意大利的北方宫廷画，多以“演奏会”的形式表现。在费迪南德大公对收藏品的资产清查中，关于此画如是记载：“一幅绝佳的伦巴第镶板画，画中三个写实的人物头像表示人的三个年纪。”因此这幅画的隐喻意义也得到了佐证。在拿破仑统治时期，这幅画曾被带至巴黎，归还之后曾被当作洛伦佐·洛托的作品展出。直到 19 世纪末，在乔瓦尼·莫莱里的帮助下，画作才恢复了其乔尔乔内作品的真实身份。这一归属在整个 20 世纪都饱受争议，如今得到了证实——不仅因为其表现手法的品质不容置疑，更因为画作底层通过反射复制法显现的、画家为《耶稣诞生》所作的草图。这幅杰作的绘画技法与达·芬奇极为相似，根据其强烈的感召力特征，可以推断成画时间为 1500 年或稍迟，当时达·芬奇正活跃在威尼斯，而乔尔乔内可能受到了这位托斯卡纳画家的直接影响。

拉斐尔

《阿涅罗·多尼像》1505—1506

《玛达莱娜·多尼像》1505—1506

在两块镶板的两侧分别以单色画着《圣经》中的大洪水与源自奥维德《变形记》的丢卡利翁与皮拉的故事，作者是拉斐尔的好友兼合作者塞鲁米多大师。

（译者注：《变形记》，罗马诗人奥维德的作品，按时间顺序叙述了宇宙创立、大地形成、人类出现，直至罗马建立，恺撒遇刺变为星辰和奥古斯都顺应天意建立统治，是中世纪艺术家喜爱的题材。其中“丢卡利翁与皮拉的故事”是古希腊传说，讲述了洪水大灾之后，夫妻二人向背后掷石，重新创造已经灭亡了的人类的经过。）

1504年1月，在阿涅罗·多尼和妻子玛达莱娜喜结连理后不久，他们就委托年轻的拉斐尔绘制肖像。当时，拉斐尔凭着佛罗伦萨共和国最高行政长官的介绍信，刚刚在佛罗伦萨定居。起初拉斐尔是把玛达莱娜的画像构思在室内的，直到第

木板蛋彩画
65 cm × 47.7 cm；65 cm × 45.8 cm
1826 年雷波尔多・洛林二世购入

纤细的树木簇冠精美，是画家恩师佩鲁吉诺绘画的独特元素。

二次构想时，才将夫妇二人像放入风景中，通过这种方式将两幅肖像变得类似双联画。画家通过娴熟的笔法将画中人描绘在浮着轻云的天空背景前，构图手法是 15 世纪 70 年代传到意大利中部的传统北方风格——这一画法先由父亲传授给拉斐尔，后又得到佩鲁吉诺亲授。画面体现了北方画派的精细，画家将注意力聚焦在花边饰带、珠宝和纤毫毕现的发丝上，运用笔触细微的脉络来表达，但并没有因人物的外表而忽略了他们的精神状态。也许正是这种对内心状态的拿捏使得这两幅肖像颇负盛名，也是画家在佛罗伦萨为市民阶层个人所作的诸多作品中，仅有的在民间口口相传的两幅画作。玛达莱娜颈上所戴的那条项链，和佛罗伦萨新圣母大教堂后殿吉尔兰戴奥所作的湿壁画中她祖母所戴的是同一条。

拉斐尔

《抱子圣母和小圣约翰》（一名《椅中圣母》）1513—1514

木板油画
直径 71cm
1589 年即存在于乌菲齐讲道坛

画作圆形的紧凑外形表明了这幅画的私人用途，同时这也是拉斐尔别出心裁的构图策略，以此强调人物的内心思想和周围环境。圣母坐在一张为教廷显贵而设的“议会椅”上，身体微蜷，将圣子抱得更紧，圣子则因母亲的陪伴而更感安心，用探寻的眼神看向我们。从饰有流苏的椅背，到圣母的披肩、面纱，再到她用镀金饰带点缀的袖口，这些细节处的优雅突出了画作极高的绘画水平；深色的背景与因明亮漫射的光线而显得鲜活的色调相和谐。17 世纪中叶，这幅画的首批评论者中有人特别指出了这幅画的诸多妙笔之一，即人物“非凡的自然性”与“一派端庄优雅的神态”。的确，拉斐尔提取日常生活中的场景，保持其即时性（例如圣子向上翘起的大脚趾）并将其提升至艺术层面的能力是这幅画最基本也是最重要的优点。睿智的构图和圆润的人物体现出明显的米开朗琪罗的影响，可以就此推断出这幅画创作完成于教皇利奥十世任期起初的数年间。

拉斐尔

《女子画像》(一名《披纱巾的少女》) 约 1515

布面油画
82 cm × 60.5 cm
1621 年起成为收藏

传统上，人们普遍认为画中女郎就是拉斐尔的爱人——历史上因其父亲的职业而被称作芙娜蕾娜（“面包店姑娘”）的女子。除了来自文学作品的推测之外，毫无疑问可以看出画中女子和画家关系十分亲密。事实上她在许多画作中均为拉斐尔担任模特，从 1512 年为圣西吉斯蒙多的皮琴察教堂作《西斯廷圣母》时起直到为和平圣母教堂作《弗吉尼亚女预言家》，她在画中均有出现。另外，我们能在画中女子永葆的生机中体会到一种“亲密”的，将一对恋人相联结的爱、信任和相依相偎的情感，从戴着头纱的美貌女子身上拂面而来，对珍贵衣物的着重描绘——形成画面中最费笔墨的部分，其用色几乎覆盖了整个前景。

只有几抹出挑的黄色、黑色和金色——在不同寻常的简洁中，通过经过仔细斟酌的色彩与不同色调的白色叠加而体现——定义了画面的分量和空间感。这些元素与画家杰出的绘画技艺相结合，使之有资格成为 14 世纪 20 年代中期拉斐尔巅峰时期的杰作，为画作《巴尔达萨尔·卡斯迪奥内肖像》和《教皇利奥十世》的诞生奏响了序曲。起初这幅画收藏在商人马太·博蒂佛罗伦萨的府邸中，在那里受到瓦萨里的赞赏，1621 年成为科西莫·美第奇二世的藏品。

拉斐尔

《以西结的异象》约 1518

木板油画
40.7 cm × 29.5 cm

画作背景中，由小天使形象构成的光晕闪着耀眼的金色，永恒的天父沐浴着荣光，和《福音书》作者的四个象征物构成了画面主体——这一形象来源于宙斯的经典造型，更确切来说来自于罗马美第奇别墅的石棺上所刻的浮雕《帕里斯的审判》。画面底部，在一片朝向大海延伸而去的土地上有个小小的身影，被一束光包围，根据最近的评论来看，也许是帕特莫斯的圣约翰前来参加主的启示。瓦萨里将这幅画称作拉斐尔最出色的作品之一，并早就推断出其成画时间在《圣切奇莉亚的狂喜》（1515—1516 年）之后。这一观点已经被最新的研究证明，完成时间的确为 1518 年左右。画作的绝佳水准不仅体现在画面的气势恢宏上，也体现在画家在法尔奈斯那别墅所实践的大胆的透视缩小描绘之中。1984 年在皮蒂宫白色大厅为拉斐尔五百年诞辰举办展览之际，经过一次红外线反射照相测试，研究人员发现这幅画作下的底稿和涂层、画面非常一致，证明了整幅画作均为拉斐尔亲力亲为。自 16 世纪下半叶起，这幅画成为美第奇家族藏品，可能是画作委托者的弟弟，博洛尼亚贵族文琴佐·艾克拉尼转让给弗朗西斯科一世的。

拉斐尔

《托马索·“费德拉”·英吉拉米肖像》约 1512

木板油画
89.5 cm × 62.8 cm
来自红衣主教雷波尔德·美第奇收藏系列，1663 年之前成为藏品

画中人朝上望的眼神处理得非常精妙，极大程度地掩盖了英吉拉米斜视的缺陷，这是 19 世纪评论界非常推崇的北方画派式的“惟妙惟肖”。

桌面三分之四的位置被一本书、一座讲经台、一个墨水瓶占满了。托马索·英吉拉米坐在书桌前，头戴神职人员的帽子，身着朴素而庄严的红色家居服，陷入深思中，仿佛正等待灵光乍现，好在仍然空白一片的书页上落笔书写。极有可能在 1510 年被选为梵蒂冈图书馆学监之后，画中正在写信的主人公自己委托拉斐尔绘制了这幅肖像画。他先前在佛罗伦萨受洛伦佐·美第奇的荫庇与培养，接着在其幼年伙伴里昂十世成为教皇后迁居罗马，为教廷完成了许多重大项目，同时也是小有名气的文学家。“费德拉”这一外号源于他在塞内加的《伊波利托》中所饰的同名角色。在波士顿的伊莎贝拉·斯图沃特·加德纳博物馆中，保存着一幅同题画作，与皮蒂宫中这幅一样，都是来自英吉拉米在沃尔泰拉的别墅。但是在进行细节对比后发现，完成质量并不似皮蒂宫这幅如人意，可能不是拉斐尔亲笔所作。大家可以注意到的前景中的静物，应该不是出自拉斐尔之手——墨水瓶和讲经台似乎比整幅大师级作品稍逊一筹。

木板蛋胶画
158 cm × 199 cm
来自红衣主教卡尔洛·美第奇的收藏

巴托罗梅奥修士（巴托罗梅奥·德拉·珀尔塔）

《哀悼耶稣》约 1511—1512

“巴托罗梅奥修士在作画时眼前必须有实体参照物，为更逼真地描绘衣物、武器和其他物品，他制作了等身大小的木制人物模型，关节处可活动，穿着真实衣物并摆出他需要的养眼的姿势，一直到他觉得自己的作品完美为止。”瓦萨里对画家晚期成熟阶段的作品如是记载。画家是圣马可修道院的多明我教派修士，瓦萨里所提及的画作中就包括这幅为圣加洛教堂所作的《哀悼耶稣》。鲜艳明亮的用色与画面的紧密布局突出了场景的哀婉动人，这一肃穆而简洁的画面围绕着耶稣遗体边的轴心人物——圣母展开，她跪地亲吻死去儿子的额头，内心的激荡渗透了整幅作品。在群像背后，站着衣衫大幅褶皱的圣徒彼得与保罗，如今因画作镶板遭到的一次大肆修减而几乎无法辨识具体身份，可能是 1619 年红衣主教卡尔洛·美第奇将其纳入收藏之时，按照自己意愿修改的结果。对这幅画的擅自改动也许是为了符合其房间装饰画的新功用，因而必须用一层黑色油漆将两名圣徒、美丽的背景风景和使整个画面完整、再次强调了画作的末世主题意义的天空遮住。

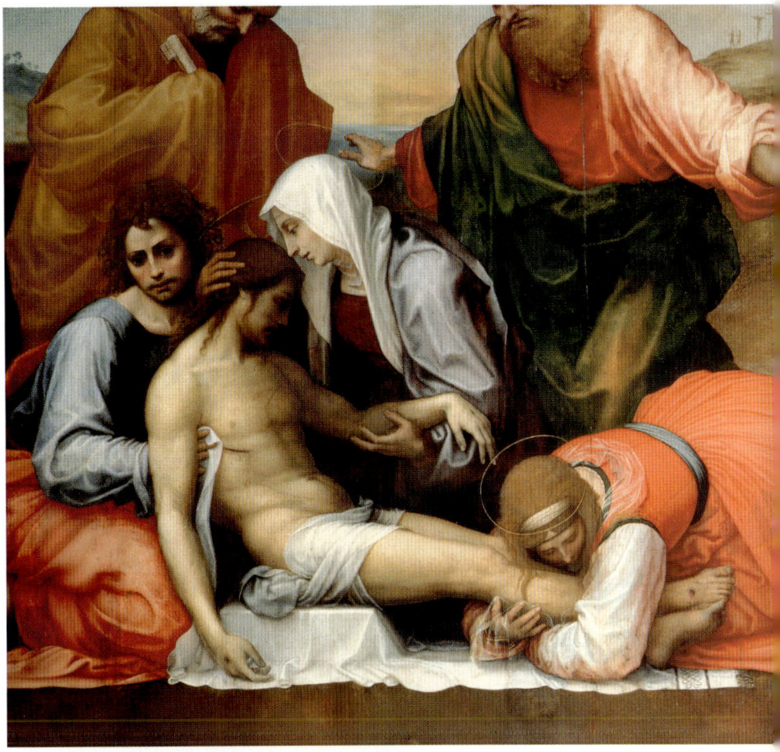

抹大拉被悲痛淹没，激动地抱着圣子的双腿。她的动作因衣衫的鲜红而格外醒目。这幅画以耶稣的遗体为基础布局，可能是参考了安德烈·德·萨尔托为《卢克的悲悯》一画所进行的实践。

安德烈·德·萨尔托

《关于三位一体的争论》1517

木板油画
232 cm × 193 cm

一群圣徒专注地聆听圣阿格斯提诺——《圣三位一体》的作者和这一教义的注释者关于三位一体奥义的解说。天空阴翳，漫天蔽日皆是雷雨云——这是圣灵的可见形象，圣父在其上，双臂间托举着十字架上的圣子。圣阿格斯提诺左边站着圣洛伦佐、圣彼得·马尔蒂莱、阿西西的圣方济各，而他们脚下，跪坐着圣塞巴斯提阿诺和抹大拉，以此完成整个崇高的论述场景。祭坛画以按部就班、有迹可循的方式以及绘画材料的高延展性，描绘出圣塞巴斯提阿诺年轻而精致的背部、彼得·马尔蒂莱和方济各眼中笼罩的忧郁、洛伦佐红云般的秀发间露出的稚气柔润的脸庞，以及摆着古老的维纳斯蹲坐姿势的抹大拉那神情迷茫的侧颜——早在16世纪末，弗朗西斯科·博奇就为这幅画倾倒，为这些完全浑然不似"画成"的人物唱颂赞歌："这些人物不像油彩画就的，却似血肉之躯；不见人工斧凿痕迹，却是大自然的造物神奇。"这幅祭台画原先是为佛罗伦萨圣伽罗修道院的教堂所作，之后放置在特拉佛西的圣雅各布教堂，17世纪初被克里斯蒂娜·洛林带至皮蒂宫。自美第奇家族而始的对这幅画的热爱并没有随着克里斯蒂娜的逝世而消亡，除了被短暂存放在乌菲齐画廊一段时间之外（无疑也是对这幅画本身价值的认可），这幅画在皮蒂宫的收藏品中有着崇高的地位。

为绘制三位一体的形象，安德烈参考了安德烈·德·卡斯塔诺为佛罗伦萨圣母领报大殿所作的湿壁画，并从中提炼出圣父和圣子的形象，但并未采用其中圣灵的画法，而是根据圣阿格斯提诺对于三位一体的最初注释，以一片紫罗兰色的雷雨云取而代之作为圣灵，围绕着圣父和圣子。

安德烈以自己妻子的容颜为原型，描绘了身着“最华美服饰”的抹大拉。瓦萨里如是评论：“全身上下无不散发着女性气息”，画家鲜有地“为了将她烙印在灵魂深处”，以新娘的妆容作为她的容貌蓝本。

最近的一次修复消除了对于圣彼得·马尔蒂莱身份的疑问，并从中陆续辨别出和作品主题更为符合的多明我教会的几位神父：如圣多明我或圣托马斯·阿奎那。圣彼得·马尔蒂莱在画中出现的原因和其他圣徒一样，是因为和委托人的儿子同名。

安德烈·德·萨尔托

《施洗者约翰》约 1522

木板蛋胶画

94 cm × 68 cm

1553 年由委托人乔万·玛利亚·贝宁泰蒂馈赠给科西莫·美第奇一世

画中的施洗者约翰摆着经过画家仔细推敲过的姿势，身上耀眼的红色布袍衬托出他的俊美，遮住了幽暗的石块之间的空隙。一束明亮的光从左侧照射而来，在少年的脸庞和胸膛上打上动人的暗影，如此更符合源自伯利克莱托的《多利佛罗》中这类经典人物造型的耶稣先驱者形象。这幅画被认为是一组托付给许多与安德烈有关的艺术家（从弗朗查毕乔到彭托尔莫）的系列装饰画的主要部分。1986 年，为庆祝画家诞辰 500 周年，在皮蒂宫白色大厅举办了一场画展，因此在 1984 年对此画预先进行了修复。多亏这次修复，画作恢复了大部分原貌。这幅画作于画家职业生涯最为忙碌的时期，重大的委托任务繁多。当时画家正转向研究创新的表现方式，同时在肖像的造诣上，偏向强调美的价值，正如通过默祷来接近上帝一样。

安德烈·德·萨尔托

《圣母升天》1522—1525

木板蛋胶画

362 cm × 209 cm

自 1602 年起成为收藏品

安德烈·德·萨尔托第一次尝试“圣母升天”这样复杂费工的主题，他精心构造了一个复杂的画面，将大地和天空的情景清晰地分割开——地上的使徒们惊讶地望着神迹显现，空中的圣母在一片小天使构成的光彩夺目的景象中现身。打开的石棺四周聚集着一些使徒，在光线的照射下，他们身上的颜色显得更加鲜艳夺目，并且在衣服上产生了不凡的光晕效果与作品肃穆的风格形成动人的映衬。其中一些人物的突出部分和醒目关节处，甚至包括那些没有完成的形象，比如前景中跪着的使徒，都因运用了鲜艳的色彩而更醒目，让人无法不联想到达·芬奇。这幅画是由佛罗伦萨商人巴托罗梅奥·庞查蒂齐委托，为其在里昂笃福尔圣母教堂所捐赠的礼拜堂所创作的，但是自始至终都没有到达它本该到达的目的地。根据瓦萨里记载，也许是因为木质画板的不稳定性，也许是由于 16 世纪 20 年代初期席卷了整个欧洲的政治事件——即当时正值白热化阶段的弗朗西斯科一世和卡尔洛五世间的冲突，这幅画最终没有完成，但是委托人一家还是买下了这幅画，在经历了数十年“饱经摧残”的收藏命运后，1602 年经奥地利的玛利亚·玛达莱娜（科西莫·美第奇二世之妻）同意，成为美第奇家族的藏品。这幅画一直收藏在帝王丘的美第奇家族别墅，直到 1687 年，费迪南德大公将其带到皮蒂宫，和罗索·菲奥伦蒂诺的画作《神圣祭台》用相同的雕叶镀金画框装饰并一同展出。

乔瓦尼·罗索·菲奥伦蒂诺

《抱子圣母和圣徒》(一名《神圣祭台》)约 1522

木板蛋胶画
350 cm × 260 cm
自 1691 年起加入收藏

当时，画家正受委托绘制一幅新的祭坛画，来取代拉斐尔未完成的《巴尔达奇诺圣母》。与这样一位权威的模范“叫板”，画家感到有些局促，这幅画与安德烈·德·萨尔托的《神圣对话》或彭托尔莫的作品相比，显得相当墨守成规，缺乏这两位画家画作中所具备的活泼性和复杂性。由于佣金的缘故，这些圣徒和拉斐尔的画中形象设置是相同的，但罗索选择将画板整个上色（这是他的创造，瓦萨里指出这一点也遏制了他“在镶板画领域的进一步发展”），并将整个画面中众多的人物紧紧挤压在局促的空间内，这几乎揭示了礼拜堂实际的逼仄，画家以不同种类的红色为基础，将圣毛乌里奇奥旗帜的色彩提亮，并毫无偏见地以较素净的颜色描绘画中的一些部分，如圣阿格斯提诺的僧帽和权杖。画家的艺术构想造就了一幅具有戏剧效果的庄严作品，其中体现着佛罗伦萨传统贵族人物肖像的画法，浸润着人文主义的绘画语言和风格——为首的即马萨乔和多纳代罗——并在这一基础上构建了自己以严谨简朴的人物形象为特色的原创表达手法，这些人物形象具有丰富的性格内涵，能够引发人们的情感。这幅画是为圣灵教堂的圣家族礼拜堂所作，并在完成后一直保存在此地，直到 1691 年成为费迪南德大公的收藏品。

画家用细致且有条理的画法勾勒出隐士和忏悔者——圣安东尼这位年迈而不注意衣着的老人形象，他试图和圣彼得交谈。他的脸庞上，胡子和眉毛因年老而发白，双目深陷略带嘲讽之色。

圣塞巴斯蒂安的裸露着青春健美的身体，在散射的难以捉摸的光线的抚慰下，殉道者象牙般的腹部、胸膛和有力的双腿显得柔和而悲怆。

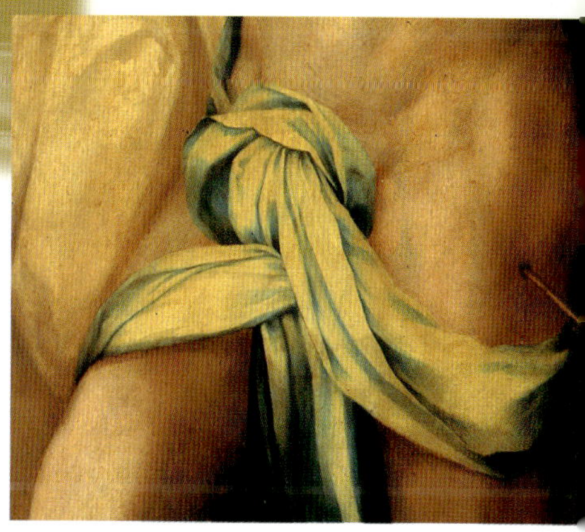

圣卡特里娜·阿雷桑德里亚的神情专注而满是忧伤，她坐在圣母脚边的台阶上，身上红色和玫瑰金的衣衫在深绿色的映衬下闪着微光，一切就像米开朗琪罗的画一样。

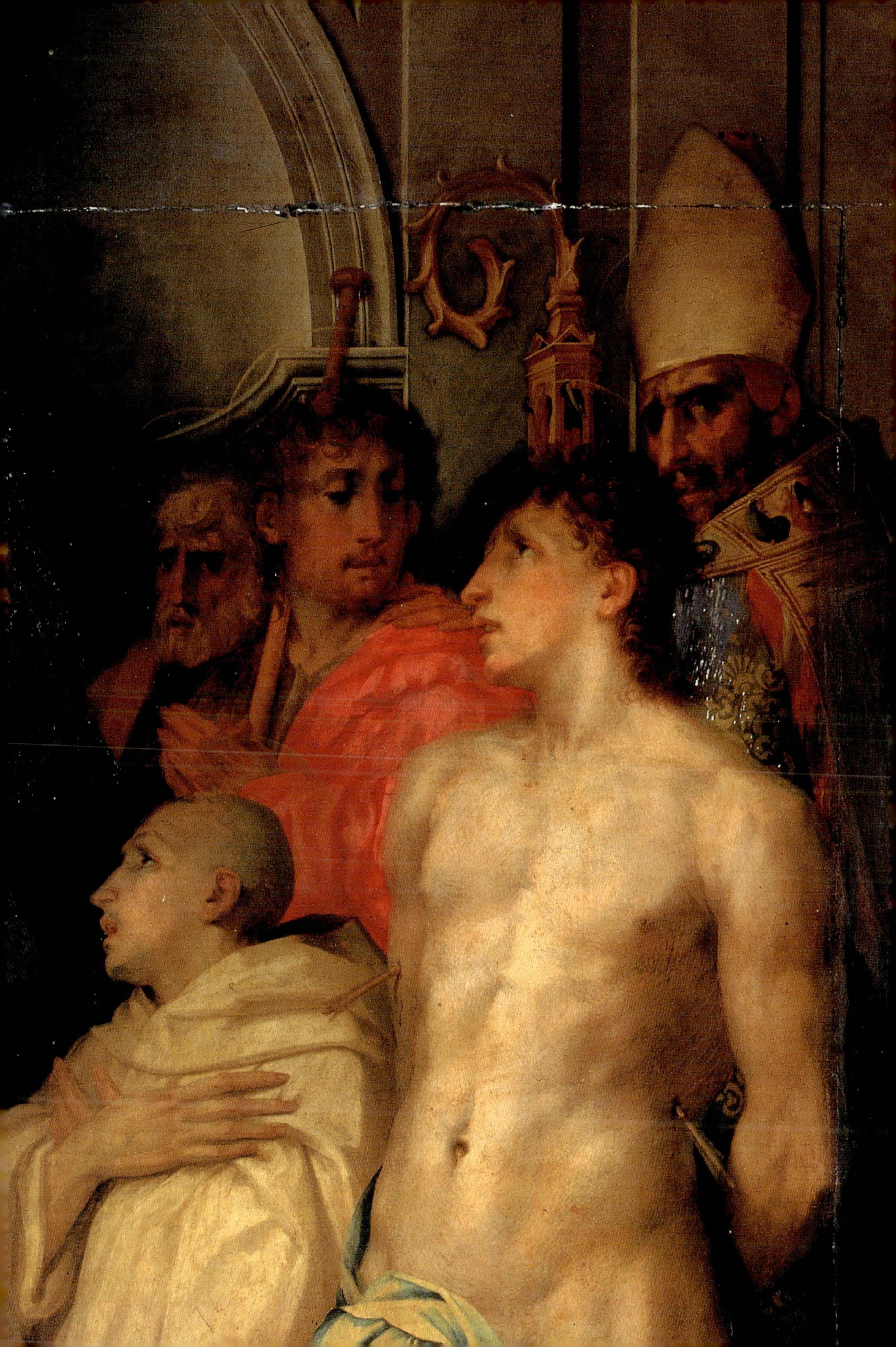

卢多维科·奇科利

《瞧瞧这个人》1607

布面油画
175cm×135cm
自1638年起在收藏品中可考

头戴一项“打手”的破帽子，上身穿一件扯破了、露出苍白皮肤的衬衫，刽子手的残暴因他粗鲁而愚钝的脸孔显得越发引人注目。这是汲取了17世纪上半叶罗马最时兴的、从卡拉瓦乔到卡拉奇这一时期画家风格的表现方式。

《瞧瞧这个人》也许是奇科利最著名的作品，表明了画家在突破16世纪下半叶佛罗伦萨盛行的形象形式主义方面的贡献。他赞同画面更平静和理性的结构，以在作品中形成更简明和直接的交流和联系，特别是以宗教为主题的画作。这幅画诞生地在罗马，画家在那里度过了最后岁月，并在1604年至1613年间，接受了不少重要的委托任务，其中包括为圣彼得大教堂所作的那些作品以及这幅1607年为马西莫·马西密所绘制的，用来与1605年卡拉瓦乔同题画作相对比的作品。

奇科利在罗马和佛罗伦萨同样享有盛誉，他严肃而动人的绘画技法被归纳为美术术语，并与卡拉瓦乔式的写实主义交相辉映。颜色微妙精细的渐变为画面的宗教主题注入了忧伤的基调，具有明显的训教意味，却并没有冲淡耶稣伤痕累累的裸露身体上浓重的悲怆。彼拉多、耶稣和刽子手的形象在深色背景的反衬下被孤立在逼近的前景中，这表明了奇科利的敏锐性，他能够与时俱进，根据当时罗马艺术界（从卡拉瓦乔到卡拉齐）最新潮的艺术手法提升自己的技艺，并进而自成一家。1638年，这幅画被赠予费迪南德·美第奇二世，并受到其盛赞，之后被悬挂在他的卧房中。

布面油画
114.5 cm × 205 cm
自科西莫二世私人寓所迁来

菲利波·纳波莱塔诺

《因普鲁内塔集市》约 1620

穿红色制服上衣、头戴草帽的农民边上是一位身着紧身上衣的男子，脸朝向观画者。这个男子就是画家以热心参与者的身份给自己所作的画像，也是我们所知的他唯一的自画像。

因普鲁内塔集市每逢十月中旬举办，是现在仍广为人知的集会，与一幅保存在佛罗伦萨南部一座小山村的圣母教区教堂中的圣母像崇拜有关。那里自古就是知名的陶器烧制窑所在地。包括菲利波·纳波莱塔诺在内，至少有三个自 17 世纪初就活跃在佛罗伦萨的画家描绘过因普鲁内塔集市的盛况，他们也许是因为在那里贵族、平民、商人不分地位等级地参与了这一活动，受到这个节日勃勃生机的感染，或者更可能的是受对这一活动尤其感兴趣的委托者所要求而作画。如果说关于这一节日最著名的形象记载是被后人竞相研究、描摹的 1602 年雅克卡洛特所创作的雕刻，那么菲利波的这幅大型油画作品则另有值得尊敬的优点——他对于人物、地点和周围的田园分别进行了讨人喜欢的仔细描绘，也未忽略秋日为丝丝缕缕的云彩所犁开的天空。画面为俯瞰，视野开阔，显示出从教区教堂望出所能看到的广阔的全景。熙熙攘攘的忙碌的人群围绕在四周，在前景中很明显可以看出，两个具有细微特征的群体中，单独立着大公夫人——奥地利的玛利亚·玛达莱娜和朝臣环绕中的大公科西莫二世。

提香

《男子画像》(一名《英国青年肖像》) 约 1525

布面油画

112 cm × 95 cm

来自费迪南德大公收藏

简朴的构图风格与庄严的用色形成了鲜明的对比。只有衬衫的几抹白色和手套以及金链的闪光能打破厚重外衣的深蓝黑色。这种庄严感取自于当时的时尚，也和画作中正值盛年的人物相称。男子周身沐浴着散射的朦胧的光，他的目光表现出从容自制，脸上带着严肃但丝毫不自负的表情。画中人的身份无人知晓，这是画家最为著名的作品之一，因其笼罩的神秘色彩和画作完成的高质量——通过讲究及和谐的方式将精确而透明的底稿与冷而鲜明的色调相结合——而蜚声遐迩。在最近一次对于画作的修复中找到了确实的证据证明此画具有提香 20 年代风格的类似特征，使得传统上认为这幅画是作于 16 世纪 50 年代的论调不再可信。在古代的资产清查中，这幅画曾被认为是彼得·阿莱蒂诺的肖像，直至 1828 年才有人指出画中人物是一位无名氏。

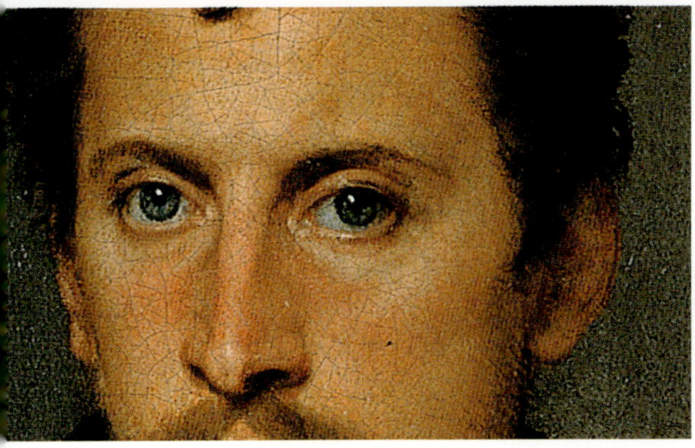

画中男子一双湛蓝的眼睛，神情坚毅地摆出姿势，脸上泛着淡淡的红光，发丝呈金褐色，也许正是因为这些特征，这幅画常被称为《英国青年肖像》。

在灰色的画布背景上，投射着蓝眼睛男子身体造成的淡淡阴影，为肖像笼罩上了一层写实的色彩，更增添了其非凡的魅力。

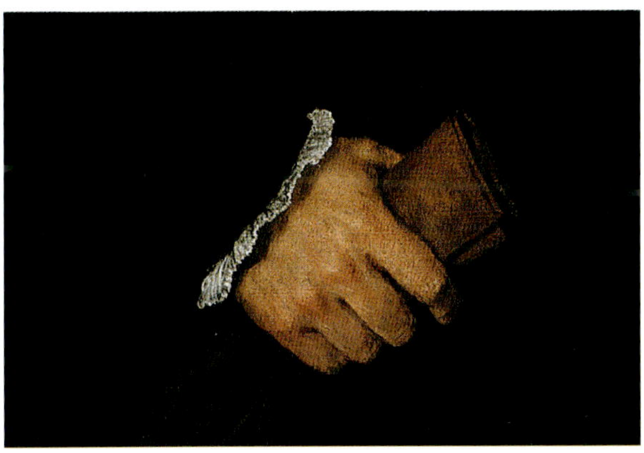

画中男子右手所持的棕色皮手套不仅是打破色调统一性的权宜之计，更是表现画中人道德水平和社会阶层的标志。实际上它们也使画中人与世俗粗野之人泾渭分明。

提香

《演奏会》1510—1511

布面油画
86.5 cm × 123.5 cm
1654 年红衣主教雷波尔多・美第奇购入

1654 年时，这幅画曾被保罗·德·塞拉认作乔尔乔内的作品，并出售给红衣主教雷波尔多·美第奇。一直到 20 世纪 90 年代，评论界才将这幅画归为提香青年时期的作品，当时他是乔尔乔内的学徒和合作者，深受其影响。这幅画成画时间可以追溯到 1510 至 1511 年间，当时提香刚完成帕多瓦圣徒学校的湿壁画。这些湿壁画的原作者是乔尔乔内，他在 1510 年时暴毙，留下未完成的作品。就像许多最近对这幅画的诠释所述，我们有可能辨识出《演奏会》中的主角是当时威尼斯音乐界的一些大人物，也可以把这幅画看作一幅“三人肖像”，但更有可能的是这幅画内含着隐喻意义。着装严谨优雅、将要演奏乐器的青年，转过头去用温柔的眼光注视着神父——另一位音乐家，他将手放在青年肩上表示安慰。这一情感将两个沉浸于高贵的消遣并从中获得灵魂喜悦的人物联系起来，而将第三个身着华服的人物排斥在外——画家在青年身上赋予了主题的关键内容，即在美德和罪恶间进行生存选择的当代版本——之前这一主题一般都由处于岔路口的赫拉克勒斯的形象来表现。

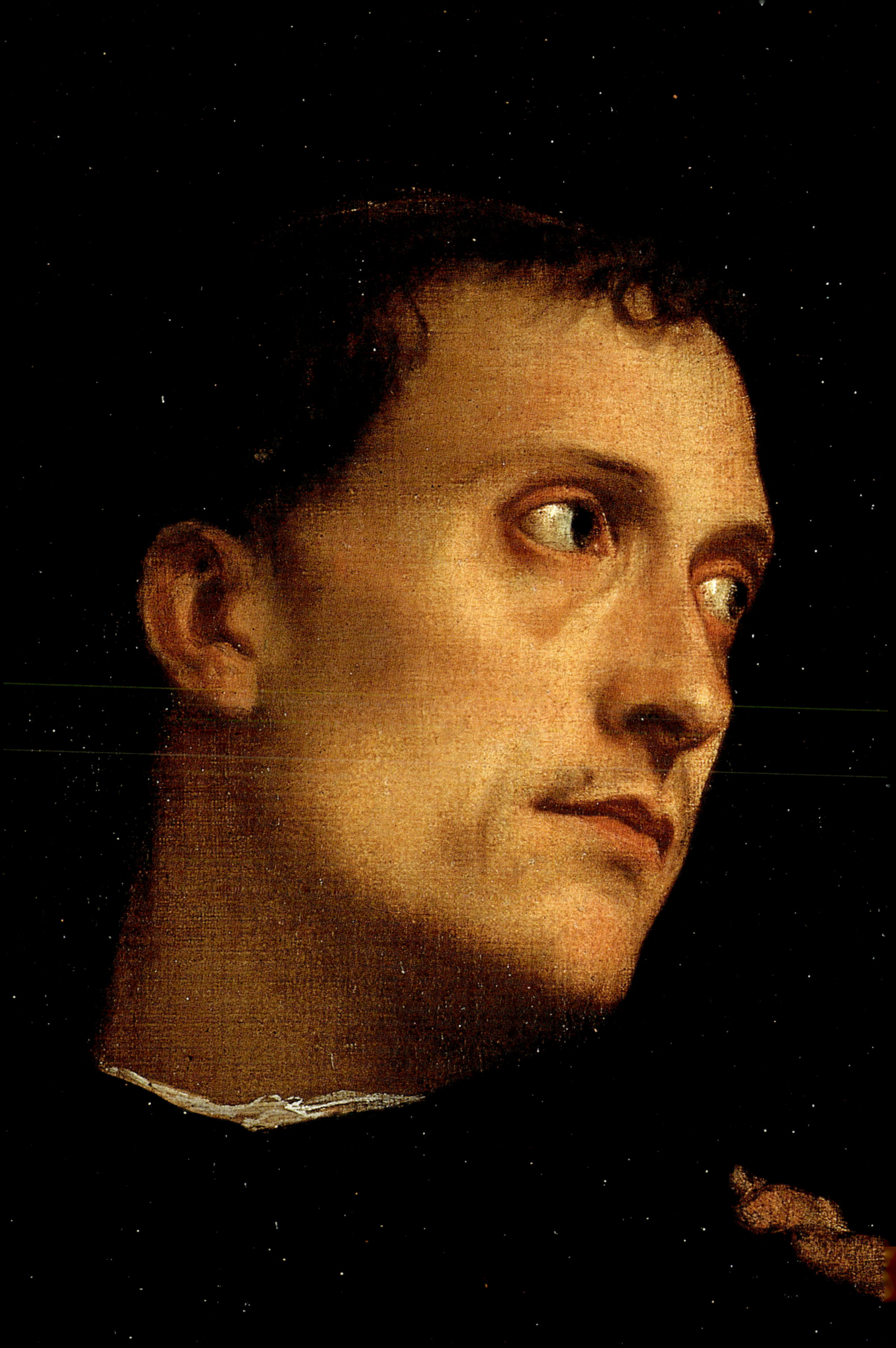

提香

《彼得·阿莱蒂诺肖像》1545

布面油画
96.7cm×77.6cm
1545年由阿莱蒂诺赠予科西莫·美第奇一世

在深色的画布上，一束光勾勒出肖像高大的轮廓，这束光与其反射的珠光照亮了整个人物，使得面容的细节若隐若现。如此，画中的人物变得惊人的栩栩如生，仿佛有了灵魂。“这幅人像会呼吸，脉搏在跳动，灵智在活动，就像活生生的我”，1545年阿莱蒂诺将这幅提香刚完成的个人肖像画赠予科西莫·美第奇一世时附信道，并在信尾强调了画家的高超水平，赞赏他能将肖像惟妙惟肖地还原纸上并赋予其珍贵的价值。若干年之后，这幅肖像画得到瓦萨里的赞誉。

这也许是画家成熟时期最引人入胜的作品之一，无疑也是其画技不断向活泼、流畅、明显以色彩晕染为唯一基准发展的代表作之一。披肩呈讲究的玫瑰色色调，上带着明亮的闪光，不仅显示出这位提香的好友兼其艺术的推动者作为文坛大师的权威地位，也体现了阿莱蒂诺诗歌的文艺修养以及敏锐辛辣，渐渐挣脱“古典主义”节制、平衡的原则，转向与文艺复兴后期人物形象的表达方式相近的风格。在这幅肖像画创作的年代，提香是欧洲最受人尊敬的画家，也是皇帝卡尔洛五世和教皇保罗·法尔内塞三世的官方肖像师。

保罗・委罗内塞

《耶稣受洗》1583—1584

布面油画

195 cm × 131.5 cm

1668 年由费迪南德・美第奇二世自安科纳购入皮蒂宫

这幅画是画家职业生涯将结束时所作，当时他已经形成了更强烈和更戏剧化的风格。轻薄而闪烁着光芒的色彩顺着启形的痕迹一层层铺陈叠加，使之变得更柔和，几乎是烘托出而不是用洗练的手法勾勒出人物形象，为画面场景融入一种动人心弦的悲怆感——对古典雕塑的描摹被巧妙地表现在画面中。耶稣是紧凑画面的支点，只需要回忆一下米开朗琪罗的作品，就能认出这是 16 世纪形象艺术界常运用的“垂死的塞内加”的姿势。耶稣的周围，施洗者和三个天使聚集在茂盛的树丛和漂浮着云彩的蓝天构成的空间里。此类“幕布式的背景”曾在委罗内塞晚期成熟作品中反复出现。这幅《耶稣受洗》和画家 1583 年所作的《普拉多的玛达莱娜》具有内在的相似感，使得最近的评论界认为这两幅画是同时期作品，比之前推测的时间略晚几年。和原来的规模相比，这幅油画根据严谨的收藏观念，将四边放大了，以符合画家的另一幅作品《圣本笃和圣徒》的尺寸。我们无从得知此事发生的时间，但也许可以回溯到两幅画均放置在费迪南德大公宅邸之时。

圭尔奇诺

《阿波罗和马尔西亚》1618

布面油画
185.5 cm × 200 cm
1638 年起在皮蒂宫有资料可考

在比试中获得了最佳演奏者的优胜后，阿波罗将胆敢挑战他的半羊人马尔西亚生生剥皮。朦胧的月光下，天神的身体呈骇人的姿势，手中的匕首伸展向面如死灰、动弹不得的受害者，为画面场景注入了一种令人痛苦的忧愁；两个牧羊人藏身在灌木丛中，因天神如此残暴的行径而胆战心惊。

这幅画作于画家 20 岁出头之时，即 1618 年春天赴威尼斯旅行后不久。正是这次旅行最终确立了画家的个人风格，即以精细的光线过渡为基础、好用深暗色调的画风——通过矫饰的溶蚀而不是清晰的边缘来表现形体。这是圭尔奇诺在底稿中就改良了的技艺——他用缭乱、精练的笔道标识出明暗关系，随后在底稿上覆上油性涂层。

这幅画是 1618 年为佛罗伦萨大公所作，正如 1617 年 12 月 7 日的一封信件所提及的那样，除了博洛尼亚大主教亚历山大 · 卢多维西（之后的教皇格里高利十五世），科西莫 · 美第奇二世也是画家的资助者。

1621 年圭尔奇诺前往罗马，在那里他将两个担惊受怕的牧羊人单独提取出来，画了一幅名为《阿尔迪卡的牧羊人》的画，与当时流行的文学情感非常一致，并在后来被尼古拉斯 · 普桑精确引用。

月光透过云层，驱散了夜晚的黑暗，精妙的明暗过渡突出了小提琴的形状。圭尔奇诺选择这一乐器来解释阿波罗做出如此残暴行径的缘由。

阿波罗意图对双手被缚在一根树桩上、无力挣扎的半羊人施以惩罚——前景中，马尔西亚的头颅浓缩着戏剧性的表现张力，与阿波罗的麻木不仁形成鲜明的对比。

画家用颜色在阿波罗精美的身体轮廓中描绘出他的背部——月光在天神朝前伸展的颈上投下深深的、哀婉的暗影，背部光洁如同象牙。

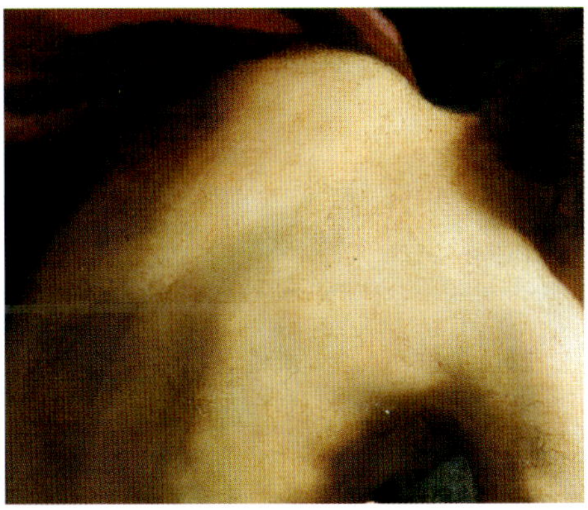

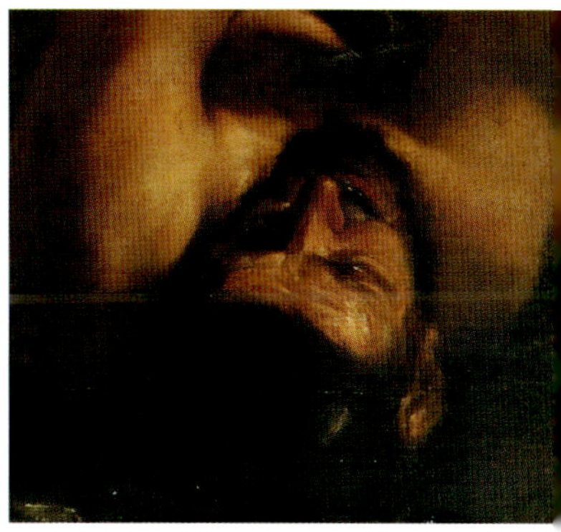

奎多·雷尼

《悲悯》约 1615

布面油画
107 cm × 88 cm
来自雷波尔多·美第奇收藏

画家紧随至少15世纪就存在的寓言故事主题肖像画传统（即一名通常身着红衣的女子身边伴随着三个孩子，其中一个靠在胸口），精心描绘了一幅韵律动感与宁静庄严巧妙结合的场景。在椭圆形的画布上，女子的身体微微前倾，姿态非常自然，体现出母亲执行自己辛劳而报酬颇丰的天职时的周到与专注。这幅画背后的故事无法考证，导致红衣主教雷波尔多买下它的原因也无从得知，甚至关于成画时间也是众说纷纭。按照文件或风格体系的分析，这幅画应属于1604年、17世纪20年代中期或者是20年代初。然而，这幅画作与1613年秋天，画家自罗马回到博洛尼亚不久后所作的《罗德和他的女儿们》，体现出的和谐感（现存伦敦国家美术馆）都毫无疑问体现了卡拉瓦乔的影响，而后者同这幅《悲悯》一样，都具有可靠的塑像艺术与空间中人物大量出现的特点，暗示这两幅画是同时代作品，都可以追溯到1615年前后。这幅画原属于红衣主教雷波尔多·美第奇的收藏，可能是在艺术市场上购买的。

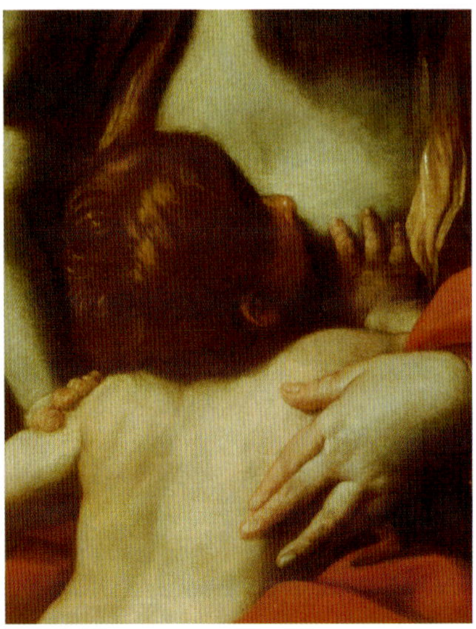

强烈的明暗对比为《悲悯》的寓意形象注入了一种悲怆的情绪，婴孩探着毛茸茸的脑袋贪婪地将嘴伸向母亲的乳房，成为画面中最触动人心的片段。

布面油画
125.5cm×97cm
来自红衣主教雷波尔多·美第奇收藏

奎多·雷尼

《克利奥帕特拉》1639

1640年1月4日，费迪南德·科斯皮公爵告知红衣主教雷波尔多，称已为他将《克利奥帕特拉》送至博洛尼亚，并捎上画家对逾期完成画作的解释——逾期是必然的，

在床边的红色桌布上盛满无花果的小篮子是一个静物的片段，在简单中显出精致和珍贵，因画家作品中极少出现类似设计而有着特殊的价值。

并不是由于画家各种委托任务缠身——为了这幅画的创作，画家甚至忽略了教皇的委托，他更希望把这幅画完成得尽善尽美，却总是觉得结果不如人意。并且，他补充说道，雷尼为了使主教满意，称“如果这幅画不符合委托人的品位，就不奢望获得多大的奖赏”，“尽可能地对画作进行了研究”。的确，画作因画家倾注的心血获得了卓越的效果——关于构图的创意、热烈的情感，以及精美绝伦的珍珠灰色调与披风的黄色、水果的绿色、桌布的淡玫瑰色相合。这幅绘画充分体现了画家的艺术感知力。当时画家已经在70岁的门槛上，不断斟酌比较过去和当代的艺术，以革新自己的绘画技艺，因此画作体现了古典雕塑艺术和洛伦佐·贝尔尼尼豪华诗学的结合——画中人物表情的蓝本是“垂死的亚历山大”的头颅。

阿特米谢·简特内斯基

《朱蒂塔与欧罗菲尔内的头颅》约 1615

布面油画
114 cm × 93.5 cm
在 1637 年美第奇储藏室的一次资产清查中有记载，可能是为大公科西莫二世所作

奶妈姿势非常自然地扶着朱蒂塔，将她靠在自己身侧以更好地承受她的体重和装着欧罗菲尔内被斩下头颅的篮子，使得画面更具紧张感和戏剧性，将令人毛骨悚然的场面与简单的日常生活间的冲突进一步激化。

在紧凑的空间里，相对而立的朱蒂塔和奶妈将头转向右侧，忧心忡忡地听着从敌人阵营传来的骚动，她们刚逃出那里，带着英雄壮举的骇人实证。这一主题在巴洛克文化中常常出现，也是简特内斯基最喜欢的主题之一，她将其表现在或多或少有些复杂的画面中，也许是为了颂扬女性的英勇主义。这幅画可能是画家以父亲奥拉齐奥的一幅作品（现存于挪威奥斯陆国家美术馆）为范本的成果。1613 年 9 月，根据文学作品记载，她曾被卷入对画家阿格斯提诺·塔西提起的强奸诉讼案中。在经历了这一沸沸扬扬的事件之后，画家在佛罗伦萨定居，并在那里受到包括伽利略、小米开朗琪罗·博纳罗蒂在内的知识分子界的厚待（后者聘任她为米开朗琪罗之家的装饰者之一）。就连大公一家也对她青眼有加，奥地利的玛利亚·玛达莱娜雇用她创作了一幅《圣切奇莉亚》，而科西莫二世买下了——可能就是他订购了——这幅以简朴的基调和合适的尺寸成为房间装饰画的《朱蒂塔与欧罗菲尔内的头颅》。此画有数量众多的复制品和不同版本，充分证实了这幅画自完成后就取得的巨大成功。

布面油画
206 cm × 345 cm

彼得·保罗·鲁本斯

《战争的后果》1637—1638

画家创作此画时，正受雇运用奥维德《变形记》中的神话主题，为西班牙国王菲利普五世装饰帕拉达塔。

这幅巨型画是对于战争的戏剧性隐喻，特别是 1618 年爆发的这场历时 30 年的战争，直到画作完成之后十年战火才最终熄灭。1637 年，画家受雇创作这幅作品，大约一年以后画作完成，被送到佛罗伦萨美第奇家族的官方肖像画家、雇主尤斯图斯·苏特曼斯（自 1621 年起孜孜不倦地为大公家庭工作，直至 1681 年逝世）手中，并附上一封对主题进行解释的长信。

维纳斯挽留马蒂斯无果，马蒂斯因复仇三女神的谗言，在暴虐行军中席卷了世间所有美好的事物——青春、美丽、爱、艺术，在以悲痛寡妇形象出现的欧罗巴身上留下悲凉与伤痛，象征着一个惨遭无尽战火蹂躏的国家，暗喻席卷了弗兰德大部分地区尤其画家家乡安维尔萨的历时 30 年之久的战争。

昏暗的色调被猝不及防的闪光打破，女神和小爱神们红润的皮肤上镀上的金光显得更加耀眼，画家运用倾斜的构图，为画面注入了一种迫近的无法逃避的运动感——散开，聚拢，直至最终消失不见，这是受米开朗琪罗《卡西拿战役》图稿的启发而自由发挥的成果，画家青年时曾怀着崇高的敬意仔细研究学习米开朗琪罗的作品。这幅画是以尤斯图斯·苏特曼斯的遗产的形式转让给费迪南德大公的。

彼得·保罗·鲁本斯

《与兄弟菲利普、贾斯特·里普赛和詹·沃夫琉斯的自画像》（一名《四位哲学家》）约 1612

木板油画
164 cm × 139 cm
17 世纪末期成为收藏品

塞内加的雕像前面摆着一个杯子，里面插着郁金香，以向其表示崇高的敬意。一位老人——哲学家詹·沃夫琉斯和他的两名学生处在雕像的荫蔽下，其中年轻些的便是鲁本斯的兄弟，他们在一张书桌周围聚精会神地学习着，一只大狗陪伴在侧；边上立着微微侧身的人物，是画家的自画像。画中热烈友好的氛围——亲切的对话场景是 16 世纪末兴起的佛兰芒地区特色——的确非常具有感染力。

传统上，人们认为这幅画完成于 1612 年前后，在此时期，沃夫琉斯与菲利普·鲁本斯都已先后辞世（无独有偶，罐子里有两枝郁金香已经萎谢）。另外，画家对画面进行了明显的改动——特别是自画像部分，起初设计得更小而且是在背景中的——这一决定导致了背后画板的扩大，在此处增加了一块镶板。无人知晓这些修改的原因，也不知道是否因某个未知的委托人的要求。然而鲁本斯的眼神专注、固执地转向周围的人们，仿佛试图唤起沉浸在哲学思想中的朋友们的注意，以此来保持记忆的鲜活。在此意义上，这幅画可以被认为是画家对自己已撒手人寰的亲密之人的深情怀念。

安东尼·凡·戴克

《红衣主教奎多·本蒂沃伊奥肖像》1622—1623

布面油画

195 cm × 147 cm

红衣主教蓦地将目光从信件上移开，看向我们视线之外的某人或者某物。这一动作赋予了这位天主教廷的高级教士形象以惊人的自然感。他身处一个装饰豪华的宏大厅堂内，其中为烘托画面的色调，花卉、帷幔、桌毯、墙纸均是红色，主教的红衣色泽更为浓郁夺目。画面的创新之处在于将“赞颂肖像”的范本彻底革新了。奎多·本蒂沃伊奥这位有识之士同时也是高雅艺术的推崇者，在1621年被选为红衣主教。此后在1623年，珍·莫林以凡·戴克这幅肖像为参考创作了一件雕刻。这幅画十有八九可以追溯到这位佛兰芒画家在罗马第一次居留期间，即1621年11月，他二十出头年纪刚来到意大利之时。凡·戴克很快便让自己的肖像画技艺取得了成功——他调整了自己的风格，使之符合贵族阶层肖像画的委托要求，或是温文尔雅，或是浮华世俗。画家对自己的社会地位有十足的自知之明，在意大利期间他经常造访当时欧洲的金融中心热那亚，特意选择这一地点，精心研究如何在将肖像画的规模不断扩大的同时保持内省的精致细腻手法。1627年，画家结束了意大利生涯。1653年，佛罗伦萨教会信使阿尼巴乐·本蒂沃伊斯将此画捐赠给了费迪南德·美第奇二世。

尽管提香的肖像画技艺对画家是不可或缺的——只需要想想现藏在那不勒斯卡波迪蒙特博物馆的《保罗三世和其侄子亚历山大和奥塔维亚》——但毫无疑问，头部的生动动作和看向场外的眼神是凡·戴克的原创，当时常常出现在他的画作中，他总是力求人物栩栩如生、活灵活现。

桌上的信是写给“我的表兄红衣主教本蒂汉伊奥”，这一设计是为表明当时法国作为红衣主教所服务的教廷的保护者的身份。

画家将无比自由的画面构图与生动形象的绘画手法相结合，画笔在大师精准的运用下，利用散射的光线表现出不同织物相异的成分结构——剔透晶莹的水晶花蕾、柔软精致的花瓣，更让人拍案叫绝的是装饰着白色宽袖法衣的轻柔花边。

巴托罗梅·埃斯特万·牟利罗

《抱子圣母》1650—1655

布面油画
157 cm × 107 cm
1822 年起在收藏品中有据可查

圣母并没有穿传统上具有隐喻意义的服装或是合乎典范颜色的衣衫，她凝重的面容上透出淡淡的哀伤，把站着的圣子抱在膝上。圣子从她的身侧探出，对周围表现出一种参与而好奇的眼神。这是一个非常讨喜的表现方式，将传统古典姿势的圣子和意大利文艺复兴时期风格的圣母形象相结合，交织出温柔亲切的自然感。这是这位塞维利亚画家年轻时的作品，当时他已经开始了熠熠生辉的职业生涯，最终成为 17 世纪下半叶西班牙艺术界的主导人物。1646 年，牟利罗埋头在塞维利亚作画，几乎没有离开过家乡，凭着对当时文艺界最时新的艺术语言的敏锐关注（对于当时的塞维利亚来说，除了西班牙本土的从委拉斯凯兹到祖尔巴兰这些伟大范例，还有那不勒斯和热那亚地区的作品），精心研究出属于自己的绘画技法。自 1650 年起，在他的作品中能见到佛兰芒地区画风的影响，特别是凡·戴克的痕迹。之后，他的画变得更流畅活泼，同时伴随着更明亮精致的色调，正如皮蒂宫中这幅《抱子圣母》所展示的。当然，这也是牟利罗对天主教人物肖像画法革新的例证，使这些受信奉的形象变得更世俗和真实，牟利罗显然比其他画家更符合当时教会的世俗要求。这幅画在 1822 年被费迪南德·洛林三世买下，可能是从伊普尔的一家修道院中购得的。

朱塞佩·德·里贝拉

《圣巴托罗梅奥殉难》1620—1624

布面油画
145 cm × 216 cm
自 1677 年起在收藏品中有据可查

在文中这幅画作完成之前，里贝拉还曾创作过一幅副本，标注时间为 1624 年，同样是选取了甚少激发这位西班牙艺术家灵感的主题。1615 年左右，他来到意大利，起初在罗马落脚，在帕尔马和博洛尼亚学习科雷焦和卢多维克·卡拉齐的绘画，后转到那不勒斯，画家逐渐形成了自己的画风。里贝拉用戏剧化的手法表现圣巴托罗梅奥裸露而消瘦的身体，在惨烈刺目的光线下这种憔悴被加重了，刽子手粗鄙的嘴脸围绕在四周，他们正准备将这人带去他们粗野原始的仪式现场。因画家的思想与奥古斯丁的理念相一致，与反宗教改革运动虔诚奉献的教义相符合，他先后在罗马和那不勒斯获得了机会。这位画家在卡拉瓦乔画技的基础上更新自己的表现手法，吸收其部分绘图元素，如青铜的色调和发亮的黑色，营造出浓烈悲怆的景象。这种景象以厚重分散的颜色绘制而成，超脱社会的每一份美与庄严，画面中光线冲突的力量以及对于当时世俗认为的丑陋方面扰乱人心的具象化处理，似乎正是来自奥古斯丁的《真正的宗教》："所有存在，根据各自的任务和目的，都是为宇宙的美而安排的，若独自领受便得畏恐，若统一来看便让人爱之如宝。"至少早在 1677 年，这幅画就已经成为佛罗伦萨私人收藏，1828 年被洛林大公家族买入。

卡拉瓦乔

《马耳他骑士肖像》1607—1608

布面油画
118.5cm×95.5cm

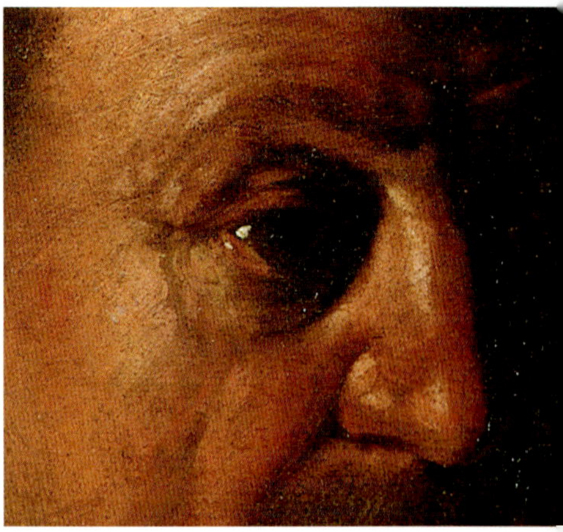

1966年，米娜·格利高里鉴定出这幅画为卡拉瓦乔所作。据美第奇家族储藏室1666至1670年间的文件记载，画中的骑士是马尔克安东尼奥·马尔戴利修士，这点在最近发现的散落在瓦莱塔的马耳他修会档案室的文件中得到了证明。画中男子是一名佛罗伦萨贵族，身着和普里奥莱·梅西纳的主任司铎类似的尊贵职务的修会服。他在1608年4月最终离开马耳他，当时卡拉瓦乔自前一年的7月起居住在此地。因此，这幅画应该是在1607年末和第二年前几个月之间的时间内完成的。在这幅画创作之时，画中的骑士已经74岁。在简洁朴素的画中，他的形象从画布深色的背景中凸显而出，有着非凡的力量感，持剑之手所圈起的空间经由暗白色的十字架纹饰和缎子的衣领确定了布局和比例，更加强了这种力量。从风格体系上来说，这幅画和画家同是1608年在马耳他所创作的《沉睡的爱》有内在的联系，后者被修会的受勋者弗朗西斯科·德安戴拉寄往佛罗伦萨，作为给兄弟尼科洛的礼物。

布面油画
139cm×116cm
1621 年起成为收藏品

克里斯托法诺·阿洛里
《朱蒂塔与欧罗菲尔内的头颅》约 1612

阿洛里将《圣经》故事中的女英雄画成了自己的爱人马查菲拉，而将欧罗菲尔内的头颅画成自己的。这是一个充满爱意的暗喻，与他出入的文学环境和宫廷环境相符。画家本身满腹经纶，是敏锐的健谈者和音乐家。

这幅画是亚历山大之子、佛罗伦萨画家阿洛里最著名的作品。女子的脸上笼罩着愁云，目光炯炯有神，其肖像因衣衫浓烈鲜艳的那不勒斯黄而尤为突出，与暗色背景中显露的保姆的面容形成对比，后者因女英雄的背叛行为而表现出既崇敬又惊讶的神情。这幅画作完成于 1612 年左右，见证了阿洛里作为知识分子的求知欲与好奇心，他能将最有趣的艺术语言融入自己的作品。17 世纪 20 年代初，他在罗马一视同仁地怀着钦佩之情观察特别是阿尼巴莱、奎多·雷尼和兰弗朗科这些古典主义流派门徒以及卡拉瓦乔画作的成果，其中甚至还包括奥拉齐奥·真蒂莱斯基，从真蒂莱斯基身上学到了这幅画作所展现的明净画法和澄澈的光线。这幅画获得了巨大的成功，无数复制品中不乏平庸之作，但都证实了乔瓦尼·巴蒂斯塔·马里诺之言——他表示收藏者们尽管只能获得“粗劣”的复制品，却也因能从中品味到“原作的神来之笔”而得到满足。

乔瓦尼·碧利沃特

《朱塞佩和普提法莱之妻》1619

布面油画
240 cm × 300 cm
来自红衣主教卡尔洛·美第奇收藏

希伯来人朱塞佩成了埃及普提法莱之家的首领，他坚持不受捐助人妻子的诱惑。奢华的床幔为发展到高潮的故事情节中的两名主角搭建了舞台背景；繁复的服饰和珍贵的家具突出了画作的装饰特点，从与红色色谱相称的讲究的色彩关系中便可见一斑。为了完成创作，碧利沃特参考了恩师卢多维克·奇科利 1610 年所作的一幅同题作品（现存于罗马博尔盖塞美术馆），保持了场景注解说明性的基调，在横置的大型画布上显得尤其突出。这一《圣经》故事主题在 17 世纪因暗合“世俗、亵渎”的解释而异常风行。红衣主教卡尔洛·美第奇在向画家提出这幅画的委托请求之外，还要求他进行屋顶天花板的装饰，题材为另一相当著名的贞洁故事片段，即《苏珊娜和长老》。这两幅画的作画时间前后相隔不久，都曾被放置在拉尔加街美第奇别墅（现卡福街）。碧利沃特是自 16 世纪末便为美第奇家族宫廷效力的一名荷兰金银首饰匠之子，之后还创作了其他重要的作品，如主题选材自文学作品的《鲁杰罗释放安吉莉卡》。

乔瓦尼·达·圣乔瓦尼

《维纳斯为爱神篦发》1627

在最近一次修复中，画作背面画家的亲笔签名重见天日，证明了作画的时间，也驱散了贯穿整个20世纪、引发诸多猜测的迷雾。画作委托人是奥拉奇奥哲学的拥趸者，颂扬简单朴素的生活，根据其伦理道德和精神追求偏好，画家将来自古典神话的主题转化成平凡的日常生活场景。仅有的对神话故事的明显暗示是突破孩童柔软背部的翅膀、丢在地上的弓和箭袋。画中衣衫不整的年轻女子专心致志地正给噘着嘴的小童“扪虱”，她大片的肉红色衬裙无疑具有结构性的作用，蕴含着与女子红润的皮肤、苍白的月亮以及背景处阴暗的天空相关联的情感价值。这幅画是画家成熟时期的第一阶段所作，而因其落笔“迅捷高效、品质上乘”的天赋，早在1616年他20岁出头之时，就获得了来自大公的重要委托任务。正是在1627年，画家离开了罗马。他的画风以独特的鲜艳活泼为基点，取得了巨大的成功，也为他赢得了巴尔贝利尼家族的艺术顾问——红衣主教奎多·本蒂沃伊奥的喜爱与庇护，后者自身也是一名讲究的收藏家。

布面油画
229cm×173cm
为洛伦佐·美第奇所作，
后成为费迪南德大公的收藏品

麻雀般的短小翅膀在小爱神娇嫩细腻的背上投下阴影，突出了画作讨人喜欢的优雅和合乎礼仪的诙谐，与画作简单而不平凡的氛围交织成趣。

画中主人公的姿势尽管是取材于经过仔细推敲的传统艺术形象经典范本，但也表现出近似平民和随意交谈的特征，见证了画家推崇的勇于进取、独立自主的精神，并带有些微的玩世不恭。至少根据17世纪的传记作家的记述，他无惧玩笑与讽刺。

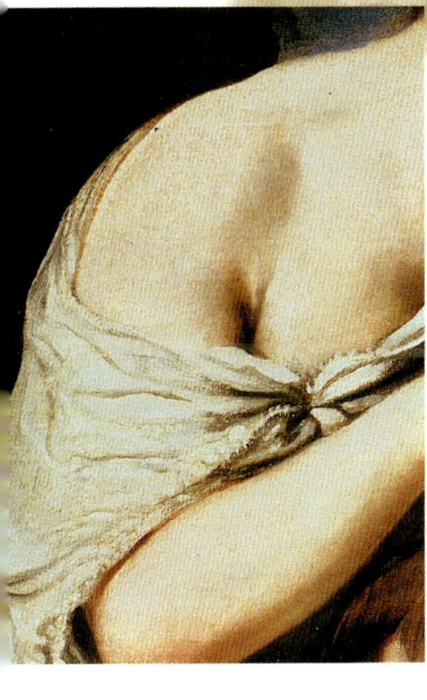

朦胧的光线下，女神象牙般的肌肤尤为引人瞩目。她肩头滑落的衣衫似乎预见了19世纪羞怯优雅与风情万种并存的女性形象，在弗朗西斯科·海兹、维拉（应指瑞士雕塑家文琴佐·维拉）以及因笃诺兄弟（指多梅尼科和杰罗拉莫·因笃诺兄弟，意大利画家）的作品中均有体现。

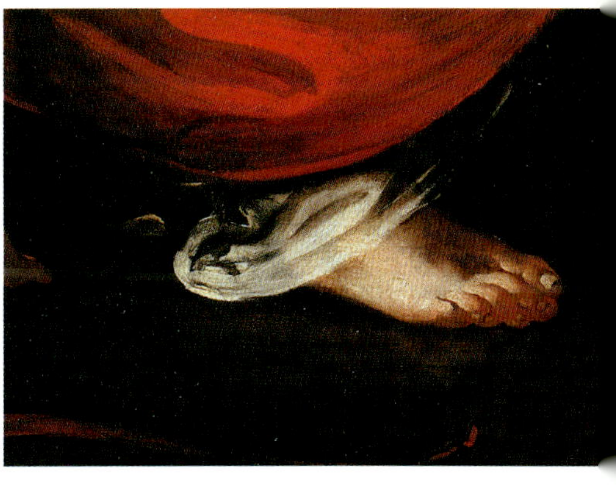

沃尔泰拉诺

《阿尔罗托教区长的玩笑》约 1640

布面油画
107 cm × 150 cm
乔万·卡尔洛·美第奇购买，
后成为费迪南德大公收藏品

在以佛罗伦萨周边为背景的画面里，一碧如洗的天空中，矗立着清晰而宏大的穆拉别墅。这一建筑因其附近的伊特鲁利亚墓，早在 15 世纪就闻名于世。

这幅画也许是画家最为著名的作品，广受赞誉，有许多复制版本，描绘的是阿尔罗托教区长对试图愚弄他的人所开的诸多玩笑之一。画中这位生活在 15 世纪的阿尔罗托教区长是佛罗伦萨普拉托里诺地区圣克莱西教堂的本堂神父，不仅因为其善行，更因其诙谐的个性为人称道。故事中，他因不是重要客人而被遣去地窖取红酒，教区长照办了，但在回来时向众人宣布储酒的木桶全都已经损坏，这让请客的主人大为头疼。画面场景取在昆托的穆拉别墅，这座住宅在明朗的天空背景中，与放置着桌子的阴影区域形成微妙的光影关系。同席者的轮廓显现在微妙的明暗对比中，人物面容突出，以强调充满画面的讨人喜欢的诙谐特点。这一设计与澄澈的天空以及明亮的用色一起，体现出沃尔泰拉诺当时对彼得·达·科尔托内绘画风格的吸收和领会。在这幅画的创作期间，画家为唐·洛伦佐·美第奇完成了佩特拉亚别墅庭院的湿壁画，也是在这位文学艺术资助者的支持下，画家动身赴威尼斯和帕尔马游学，以学习提香和科雷焦的绘画艺术。

萨尔瓦托·罗萨

《黄昏海岸》约 1641

《灯塔海岸》约 1641

1641年时，画家身在里沃那，研究画中的港口和航船的运作。因此很有可能这两幅画就作于当年，最晚也不过次年，作画时间是基本可以确定的。1640年秋天，画家在佛罗伦萨定居，遇到了乔万·卡尔洛这样一位慷慨的支持者。后者与画家一样，都是文学与戏剧爱好者，凭着对艺术的热忱，愉快地参加画家创办的佩尔柯西美术学院的各种聚会。

正如评论界常说的那样，这两幅画沐浴着夕照的光芒，与克劳

夕阳西沉，金光漫天，灯塔掌控着船只的航行，堡垒、蜿蜒高耸的礁石与戈尔戈纳岛之间聚起的水湾内连樯结缆，画家以绘画的方式展现了里沃那港口的繁忙景象。

布面油画
两幅尺寸均为 234cm×395.5cm

德·罗林 1637 年为红衣主教所作《海港与美第奇别墅》（现存于佛罗伦萨乌菲齐画廊）具有不容置疑的和谐性与连贯性。画家对于克劳德·罗林的兴趣可以追溯到他在罗马居留时期，在那里他综合了荷兰“表象派画家”关于海滩的画法，即对船只、树木茂密的枝叶以及船队的缆绳细致入微的描绘，而在罗马时期受阿格斯提诺·塔西的影响，形成了固化的北方品位，正如海岸边各色专注于工作的小型人物所体现的那样。画家独具匠心的是将绘画的“成像”特色融入类似的多重美景中，具有惊人的感召力。在复辟时期被多次临摹复制的各类画作中，罗萨的“海滩”位居前列并不是偶然现象，当时人们更偏爱对于风景的绘画性变形而不是保持自然原貌，认为这是不竭的梦幻与想象来源。文中这两幅画都是为红衣主教乔瓦尼·卡尔洛·美第奇创作的，其中的《黄昏海岸》被放置于主教住所天花板的上面。

李维奥·梅乌斯

《雕塑天才》约 1655

布面油画
70cm×79cm
来自费迪南德大公收藏

少年在考究的光线突出下，目光炯炯凝视着我们，带着同样不容置疑的恣肆，画作的背景中是一些更意象化而非具象化的古代雕塑。

一名头戴贝雷帽的少年，目光如炬，略带自得地看着观画者，手指向一些古罗马的艺术珍品，如图雷真纪念柱、法尔奈斯家族的大力神雕塑和一尊小型的镀金密涅瓦雕像。

为了明确画中人的身份，画家将他的右手放置在一块写着“天才”的大黑板上。帽子在少年的脸上投下神秘的暗影，阴霾的天空中闪现暴风雨的强光，突出了经过仔细斟酌的明与暗的对比，这是对画面节奏的把握，毫无偏见地与古代的雕像割裂开，就像将对话变得悬而未决一般。

梅乌斯原籍佛兰芒，在米兰长大，在意大利全境经过一段漫长的漂泊巡游之后，接受了美第奇家族的工作，并在佛罗伦萨定居下来。他生性自由，渴望积累经验和阅历，之后又再次踏上巡游之旅，不断以罗马和威尼斯的最新经验充实并提高自身。因此，文学艺术界认为几乎可以肯定这幅《雕塑天才》中的男性形象是画家的自画像。画作是对画家 1655 年在罗马居留期间的明显回溯。当时他有幸充分研究、学习了古代雕塑——梅乌斯至少绘制过一幅与文中这幅同题的作品，另外还有一个表现《绘画天才》的挂件。

羊皮纸胶彩画
23.5cm×38.5cm
为费迪南德·美第奇二世所作

乔瓦娜·加尔佐尼

《盛着洋李子、核桃、茉莉和一只苍蝇的盘子》

约 1660—1670

这幅静物画与其整个系列，以及加尔佐尼其他胶彩画一起，装饰了帝王丘美第奇别墅的“彩虹居室”。直至 1865 年，别墅中的收藏品才离开当地，进入佛罗伦萨美术馆的收藏。

羊皮纸的微光突出了随意放置的静物的细致优雅。这位马尔凯微型画画家为费迪南德·美第奇二世创作了整个系列的画作，由 20 幅小画构成，具有类似出众而简单的特色，正如帝王丘的美第奇别墅的资产清查清单所述：“一幅画着一串葡萄、两颗梨与一只蜗牛，另一幅画着切开了一部分的甜瓜和一片西瓜。在第 18 号作品中，则是半边花饰陶器、半边瓷器制成的盛满不同水果的杯子。”这些画也正是为此别墅所作。

画家在欧洲大陆经过了长时间的漫游，1642 至 1651 年间暂居于佛罗伦萨，尽管之后迁到罗马，还是继续为大公家庭及一些托斯卡纳的显赫贵族服务，如 1662 年她曾写信向费迪南德二世借用物品，用来做标本以完成还在创作中的画作，即 20 个“盛着水果的杯子”。至少在创作时临摹真实存在的物品（事实上，这些主题尽管偶有变化，还是常常重复的）是画家不可替代的作画方式，到了冬季花木凋零、水果稀缺，她便专注于人像绘画。

安东尼·卡诺瓦

《意大利的维纳斯》1804—1812

大理石
高 172 cm

1802 年 11 月，卡诺瓦途经佛罗伦萨，收到委托复制一尊美第奇家族的维纳斯雕像，以替代那尊被拿破仑·波拿巴从大公收藏中窃取的最著名的古代雕像。为了更方便地完成这个委托，雕塑家申请了一尊原版雕像（现藏于巴黎卢浮宫）的石膏模型，但他确信自己的作品不是对于这尊雕像的剽窃与复制，而是同一主题的再诠释。着手创作之后，卡诺瓦开始精心进行以古老雕塑为原型的自主创作。1805 年，波旁家族的玛利亚·路易莎在和卡尔洛·卢多维科一世缔结婚姻后继承了伊特鲁里亚的王位，她要求雕塑家自己创作一尊维纳斯雕像，画家便怀着激动的心情推进了工程。1811 年时这尊《意大利的维纳斯》终于完工，其标题顾名思义与民族主义的需求有关，而由此赋予的意义使得这尊雕像完全有资格与那尊古代经典维纳斯像相媲美，是卡诺瓦妙不可言的风格的极佳表达，在明显的简单创作中，他有能力将形体卓越的价值与自然写实的细节和姿势相融合。

在参考了卡皮托里那、卡里比加、阿娜迪奥梅内等多种版本的维纳斯后，雕塑家创造出一尊独具个人色彩、令人惊艳的雕像作品——正如他同时代的人所充分理解的，是一位极具人性魅力的女神，既动人又诱人。

彼得·泰内拉尼

《被抛弃的普塞克》1816—1819

大理石
高 126cm
1949 年成为本馆收藏品

1816 年，雕塑家以石膏为这尊雕像塑形，作为学艺第二年的测验作品，见证了年轻的泰内拉尼将贝尔泰·索尔万德森的教授化为己用的过程。事实上他从这位丹麦大师身上学到的，不仅是形体的简化与淬炼，还有人物的面容与发式，更凭着出色的对表现艺术的感知力，将老师确定的主题生动形象化，保持了人物形象的心理性格特征——与环境相关，忧郁而惆怅。在充分地参考了卡诺瓦的作品后，雕塑家体会到主观性的价值，赋予了这尊雕像以脆弱与多情。

“因试图触摸爱神的面庞而被抛弃的普塞克”这一主题之前从未有人尝试。雕塑家在创作这尊作品时，运用了特殊的雕刻研磨大理石的方法，借着光线营造出了表面跃动效果。这

贾科莫·雷欧帕尔迪也在有资格欣赏美第奇·兰佐尼宫中《被抛弃的普塞克》的杰出客人之列，是这栋知识分子和艺术家常常访问的建筑的常客。

尊雕塑在还没有完成之时就已被佛罗伦萨的贵妇卡尔洛塔·美第奇·兰佐尼买下了，后放置在圣十字广场一座宫殿的大厅壁龛中，白日通过自然光照明，夜晚由一盏油灯照亮，以凸显出作者手艺的巧夺天工。此雕塑自诞生伊始便大获成功，使得泰内拉尼不得不为其制作了无数复制品，其中一些有少许改动。

大理石
高 185cm
1836 年成为收藏品

洛伦佐·巴尔托里尼

《仁爱教育》1820—1835

这一雕塑是费迪南德·洛林大公三世为帝王丘的礼拜堂所订制的，其石膏制模最晚在 1823 年就已经完成，在当年公布的为别墅设计的雕刻之中就能看到其模型，但是这尊雕像的完工姗姗来迟，具体时间可能不早于 1835 年。作品如此引人入胜，最后被安置在一个更为显眼的位置，而不是原定的场所。1836 年 6 月，《仁爱教育》被放置在皮蒂宫一楼的一个房间中，直到意大利统一后才搬到伊利亚特居室中央。《仁爱教育》中，年轻姣美的女子因对两个孩子的爱而不顾自己形象，不仅滋养其身体，而且启迪其智慧。这件作品标志着巴尔托里尼职业生涯进入了一个尤为重要的阶段。雕塑群像安详的美源自对现实充满爱意的研究，并根据 15 世纪托斯卡纳著名的范例重新锤炼，是雕塑家利用现代工艺模仿自然之美的高超水平的证明。他复原并精炼了文艺复兴时期的艺术手法，特别是拉斐尔的技艺，雕刻家在 19 世纪 20 年代初期曾与友人英格雷斯一起侨居于佛罗伦萨，探讨如何最终突破“理想之美”的禁锢。

少年的脑袋自然地靠在母亲的身上，在她的指点下认真地阅读。母亲修长的身段与德西德里奥·达·赛蒂涅阿诺的“基因”密不可分，是雕刻家通过回溯文艺复兴时期艺术，模仿其温和的性质，以获得和谐与崇高之力的见证。

弗朗西斯科·萨巴戴利

《俄琉斯之子埃阿斯》1829

布面油画
210cm×148cm
1829年雷波尔多·洛林二世买下这幅画并将其放在皮蒂宫中

1840年，朱塞佩·马奇尼在他的一篇名为《意大利境内的现代艺术》的论文中这样描写这幅他选为意大利爱国者斗争象征物的画："在这个异教徒的形象中蕴含着多少活力与普遍的、当代的生命啊"，他完全因画中的男子振奋了，"他为所有人战斗、咒骂、抗争。这是关于苦痛的悲鸣，更是对于挑战的呐喊，是对宿命的强烈抗议——这是满腔豪情、壮怀激烈的宣言，宁为玉碎，不为瓦全。画家的灵魂也为之迸发，沸腾着义愤，为了意大利独立的计划"。俄琉斯之子埃阿斯是荷马名著《奥德赛》中的人物，因太过自信自己凡人的能力而亵渎了神灵。他在弗朗西斯科·萨巴戴利的笔下，通过符合浪漫主义崇高美学的风格力量和多变色彩，成为国家自由与救赎的理想化人格象征。复辟时期的文化潮流倾向于在过去的历史和文学中定义行为范本，为当代做示例或警戒。19世纪20年代

丰沛水润的用色与不同色调的红色相协调，突出了画作主人公激烈的表情和凌厉的目光，也证明了年轻的画家对16世纪威尼斯画派的兴趣，其中他最喜爱的画家便是提香。

初期，画家来到佛罗伦萨，在路易吉神父装饰伊利亚特居室和皮蒂宫的工作中做助手。在大公的荫蔽与资助下，他前往罗马和威尼斯学习，很快就以历史文化画家的身份而自成一家。可惜他的职业生涯因英年早逝而终止，去世时大约27岁。1829年画家与世长辞之时，雷波尔多·洛林二世买下了这幅画，并将其放在皮蒂宫中。1851年，此画被转移到17世纪的克罗切塔宫内大公修葺的现代画廊，如今是考古博物馆所在。

布面油画
121 cm × 167.5 cm
安德烈·玛菲伊给佛罗伦萨美术馆的遗赠

弗朗西斯科·海兹

《雅各布·福斯卡利的最后面谈》1852—1854

一抹微弱的光穿透环礁湖上方的大片轻云，笼罩着还是新哥特风格的圣乔尔乔教堂，一切仿佛在古老的威尼斯的默祷中沉静下来，使人满怀深情地回忆起拜伦勋爵作品主题哀婉动人的魅力。

这幅画受拜伦1821年发表的作品《福斯卡利父子》的启发，描绘了父亲弗朗西斯科对雅各布·福斯卡利最终宣判的场景。弗朗西斯科作为威尼斯共和国的执政官，在国家大义面前牺牲了自己对儿子的亲情。画面设计得仿佛一场戏剧表演，人物平等地共同传达出场面的戏剧性。取景地为公爵宫的敞廊，朝向使人满怀温情回忆的、在环礁湖特有的、空气中浮着天蓝色微粒的15世纪的威尼斯风景，当时的圣乔尔乔教堂还是新哥特样式。海兹先后共五次以该主题作画，他是历史浪漫主义最重要的画家之一，甚至可以说是这一流派的开创者，因一幅作于1840年、与文中这幅极为相似的画而成名。当时他因此画取得了巨大的成功，又与威尔第的同题音乐剧相得益彰，因而安德烈·玛菲伊再次拜托画家创作了一幅同样题材的画，以与他所翻译的拜伦作品相配。画家深知艺术家要重复同一主题将困难重重，因而在重新布局时，参考了威尔第抒情作品中的宏大场面和充沛情感，后者主要以家庭感情受创为基调。

朱塞佩·贝佐里

《泽尔比诺之死与伊莎贝拉之恸》约 1504

布面油画

98 cm × 140 cm

1986 年起成为收藏品

泽尔比诺的躯体软绵绵地瘫倒，丧失了生机，周围散落着他保护无果的罗兰的武器。此情此景下，伊莎贝拉只得倒在罗多蒙特怀中恸哭。这一符合历史浪漫主义准则的主题选自文学作品，确切来说是节选自《疯狂的罗兰》第 24 章，取景于郁郁葱葱的林中，在文字描述和画面景象间建立起一种动人的类比。从青铜色光为主的前景，推进到背景处闪着金光的天际中多石的尖峰上耸立的城堡，精妙的光影效果与睿智的建筑结构相结合，引导着景色一步步铺开。这幅画与 17 世纪风景画的杰出作品如尼古拉斯·普桑和克劳迪奥·罗莱内斯的画作在一些方面不谋而合，这也正是画家作品所具有的特色。他生于 1784 年，受到新古典主义的熏陶，而后渐渐转向浪漫主义，并成为托斯卡纳地区最权威的浪漫主义诠释者。正是因为这种多元化的文化素养赋予了画家表达上的自由，在梦幻的气氛中他仍然倾注了对源于真实的岩石、枝叶、树丫、果实的不懈关注。1852 年，这幅画在佛罗伦萨美术学院画展上展出，属于画家晚期的作品，也是贝佐里风景画最重要代表作之一。

路易吉·穆西尼

《艾吾多罗和齐莫多切》1855

年轻的异教徒齐莫多切站在一旁，有些困惑地看着向一个奴隶伸出仁慈之手的基督徒艾吾多罗。这幅画是应雷波尔多·洛林二世的委托所作，并于1855年秋天在佛罗伦萨美术学院展出。画作受勒内·德·夏多布里昂的小说《殉道者》启发，精细的底稿以及因齐莫多切的苍白而显得愈发深沉的色调主导了画面。画作庄严的美很显然是“为了艺术而艺术”，与同时代安格尔范畴内的法国画作具有紧密的相关性。画家在对1848年的爱国主义运动失望后暂时移居巴黎，在此期间对此类画风颇有了解，也与评论家、艺术家如伊波利特·弗兰德兰和泰奥多尔·夏塞里奥结下了不解之缘。正是由于对法国艺术的熟悉，使得当时仍是纯粹主义“刚愎自用”的支持者的画家开始对形体价值进行深刻反省，借此将画风转向撇除一切训导内涵的崇高之美的表达方式。这幅画有一幅草图，接近1853年时完成，当时画家已领导锡耶纳艺术协会数载。这幅草图以斑痕画法的草稿与鲜艳的颜色而与众不同，运用了当时托斯卡纳历史画画家使用的技巧，对于欣赏者来说，穆西尼采取这一画法确实出人意料。

布面油画
275 cm × 220 cm
1855 年起成为收藏品

风华正茂的异教徒女郎，面容有种严峻的美，在做出慷慨举动的同伴面前显得十分困惑。这是画家审美理念的明显证明，即以“艺术的道德价值需要通过外在的美来表达”为基础的观点。

狗的出现明确了艾吾多罗的猎人身份，同时也具有完善画面构图的作用。它的存在，事实上引导人们把目光停留在画面的主要部分，否则构图可能会因为齐莫多切庄严的独立形象而失去平衡。

年轻的基督徒递给奴隶的斗篷是理解画作主题的关键元素，在穆西尼的设计中斗篷是深蓝色的，为了在其他衣物的红、白及紫藤色周围显得突出而不刺眼。

乔瓦尼·法托利

《马琴塔战役后的意大利战场》1862

布面油画
240 cm × 348 cm
来自学院美术馆收藏

1860年3月，乔瓦尼·法托利凭借一幅画着“仁慈修女的野战医院”的草图，获得了利卡索里绘画比赛当代历史主题单元的第一名。这一比赛由托斯卡纳临时政府在前一年9月宣布举办，在其友人尼诺·科斯塔的劝说下，画家才参加了这一比赛。尽管构图布局显然是简单的两个平行带——战场和天空——但这是经过仔细推敲和复杂布局的成果，另一方面也带有画家到马琴塔实地考察的印迹，因此他能够将画面场景按战场的现实景象最大程度还原。一层层画面有规律地向深处延伸直至远处的天际，显示出平原的广袤无垠。在一马平川的原野上唯有一处高地——法军官兵所休息的土台，这一设计是为了之后进一步凸显野战医院。画家将目光望向修女们，而后游离开，去追随战斗的戏剧化重心。正是这些军人和似乎无法继续生长的孱弱杨树一起，确定了场景的基调，尽管紧凑简朴，却依然具有令人绝望的因素。为描绘修女们和受伤的奥地利军官，法托利运用了综合的上色方法，即独特的斑痕画法。1861年9月，画作《马琴塔战役后的意大利战场》还未最终完成，但当时已经送到在佛罗伦萨开幕的意大利博览会上展出。

安东尼奥·丰塔内斯

《雨后》1861

布面油画
192 cm × 198 cm
1861 年维托里奥·埃马努埃莱二世
购于国家博览会

短促的撞色的笔触与闪烁的光线，构成了牧场草地上浩浩荡荡的牛群，同时也表现出雨后畜群在牧人的驱赶下缓慢而蜿蜒地前进。

雨后，畜群在牧人的驱赶下，缓缓地继续前行。在画面场景中，稠密浓厚的细小笔触再现了与所绘情景相关的丰富的感官体验，让人几乎能闻到日光下草地渐渐晒干时散发的芬芳。这幅画是画家在戴尔费纳托对实景进行系列研究的结晶，是丰塔内斯比同时代的法国风景画家——康斯坦·特罗荣、泰奥多罗·卢梭、裘乐斯·杜普荷同类试验更进一步的代表性成果，体现在对每一处的精细加工，不俗而精致的色彩与光影效果几乎将画面肌理割裂成碎片。这幅画于 1861 年在佛罗伦萨举行的国家博览会上展出，受到评论界盛赞，并获得了金质奖章，但因画家和许多其他艺术家都不同意评审团的决定而拒绝了该奖项。毫无疑问，这幅画的崇拜者中有最跟得上形象表现语言潮流的一脉——大批斑痕派画家，丰塔内斯的作品正是他们在气氛渲染的自然主义以及与 17 世纪克劳德、普桑等知名画家一脉相承的庄严构图方面的范例，也是对他们进一步研究追求更平静和感性的表现方式的肯定。

布面油画
57 cm × 33.5 cm
1985 年由画家的重孙女阿德里阿娜·邦蒂·吉亚捐赠

乔瓦尼·波尔蒂尼

《克里斯提阿诺·邦蒂肖像》1866

明澈的光线在舒适的空间内散开，墙壁上根据当时的流行，在大幅的壁纸上面嵌着版画，映射着釉彩般密实的绘画材料产生的丝绸似的反光。这幅画的创作时间可能在1866 年冬春之交，当时波尔蒂尼对热情好客的邦蒂一家的造访日益频繁。风格上，这幅画属于画家的过渡阶段，当时他通过对其挚友良师，佛罗伦萨人米盖莱·戈尔迪贾尼肖像画的反复研究，以令人叫绝的方法，将细

致的表现形式与上流社会的优雅融入富有当代感的闲适环境中，这一点深受戴莱马克·斯诺里尼喜爱。通过点燃的雪茄和因对社交礼节疏忽大意而丢在扶手椅上的斗篷和礼帽，画面透露出“轻率”与随性，暗示画中的艺术家带着一种知识分子的敏锐和洞察力参与现代社会，专注而玩世不恭地观察着其中横流的浮躁不安。斗篷和礼帽的暗色与室内装饰毯怡人的蓝色和深粉红色相接，闪耀着珠光，预示着他巴黎生涯的灿烂前景。

手中夹着的雪茄燃着——“朋友们都叫他壁炉”，阿德里阿诺·切乔尼回忆道——克里斯提阿诺·邦蒂用热忱而坦率的眼神看着给他画像的人。具有现代品味的表达方式突出了肖像画强烈的即时意味，画作可能参考了一张相片。

尼诺·科斯塔

《一日，罗马附近海岸刮来西洛可风》1852—1874

（译者注：西洛可风，从撒哈拉吹向地中海的焚风）

布面油画

87 cm × 197 cm

这幅画是画家对19世纪的一些写生研究加工后的成果，当时他试图精研一种革新的表现手法来描绘风景，赋予自然景色以庄重的、引人回想的价值。或许直到1874年，此画才最终完成。

正如画作题目所示，画面描绘了一个灰暗闷热的日子里拉齐奥地区粗糙陡峭的海岸，体现了19世纪中期典型的创作意愿——当时对于“真实”的认同成为绘画传统技法中不可或缺的因素，使得自然景观中荒芜或破败的风貌儿受偏爱。然而，这种偏好并未减弱这幅画作中凝聚在负重者身上的史诗般壮丽的意味——背篓的重量让他直不起腰，唤起人们对古老而动人的人性的回想。这种表达方式证明了年轻的科斯塔和当时活跃在罗马的外籍同僚的情感亲近性。关于这一点，1852至1857年间生活在罗马的瑞士画家阿诺尔德·柏克林的作品可以做典型的例证，他在画中重现了蛮荒世界的神秘力量，与我们这幅画中隐约的悬而未决的氛围极为类似。而在对于自然的精雕细琢的描绘中，也闪烁着受浪漫主义影响的充沛感情。作者从不缺乏这类情感，他确信，正如他自己所承认的那样——“如果不通过感情来表达，真实无法为自己言说”。在佛罗伦萨的美术馆中，尼诺·科斯塔的画作能占有一席之地，不仅仅是因为其在19世纪欧洲艺术全景中的重要地位，更因为他在米开朗琪罗咖啡馆（译者注：米开朗琪罗咖啡馆，佛罗伦萨历史上的一所咖啡馆，19世纪意大利独立战争时期成为托斯卡纳作家和艺术家的主要聚集地，1848至1866年间，斑痕画派画家经常在那里聚会）所扮演的良师益友的角色。这幅画属于加依阿尔蒂尼收藏集（19世纪意大利最负盛名的收藏系列之一，其对斑痕画派作品的收藏尤具声望），现暂借给佛罗伦萨皮蒂宫展出。

木板油画
14 cm × 46 cm
里昂 · 安布隆赠送

欧多阿尔多 · 波拉尼

《高地》1861

在钴蓝色的天空里，画家用典型的纯粹主义画法勾勒出灌木发育不良的枝干，体现出他对学院教育成果的吸收和运用。

一个晴朗夏日的正午，零星树木和灌木在被6月日光染黄的牧草地上投下淡淡的影子；澄澈的光线明净地晕染出景色，山谷和山峦交错纵横缠绕直到天边，在广阔的天空中露出高峰柔和的边缘。这种绘画的纯净优雅与学院教育密不可分，画家通过融入对于光线和环境自然影响的反复推敲，为阿尔卑斯山脉荒凉孤独的景色注入了一种动人的冥想格调。这幅画完成于1861年，脱胎于写生纪实，是我们所知的波拉尼在圣马尔切洛 · 比斯托耶赛度夏时期的五幅作品之一。在拉法埃罗 · 塞尔奈斯的陪伴下，画家前往当地作画。这幅画可谓两位年轻画家探究新画法的明证，他们尝试突破数月前，与戴莱马克 · 森诺里尼和文琴佐 · 卡卞卡一起在蒙特卢波和拉斯佩齐亚试验的“斑痕派”反复着色的技法，成功地将和谐画面的源泉——平静庄重的表现力和澄澈鲜明的色调协调地糅合。因两人精神上高度相似，极有共鸣，至今都难以区分他们在这番精彩研究后创作的非凡作品的归属。

朱塞佩·阿巴蒂

《卡斯蒂利翁切洛》约 1867

日暮时分，画家的目光流连在被日光镀上金色的房屋、矮墙以及平缓延伸、没入平静海面的田野边缘：浩浩汤汤的蔚蓝色海面上，夕照折射出耀眼的反光。画板极尽横向拓展的形状使得这幅画面蕴含的情感更易被感知，是阿巴蒂对这受人钟爱的胜地长时间观察的成果，就像是通过对海岸边迭戈·马尔戴利佃农的房屋和卡斯蒂利翁切洛海角缓慢而严谨的分析以及内在深思的反映绘制而成。

这一画作极可能作于 1867 年年初的数月间，画家当时从第三次独

木板油画
10 cm × 86 cm
评论家迭戈·马尔戴利收藏品，后捐赠给佛罗伦萨市政府

立战争中归来已有一段时间，成为托斯卡纳艺术评论家、斑痕画派灵魂导师和慷慨友人迭戈·马尔戴利的座上客。在画家拉法埃罗·塞尔奈斯去世后，阿巴蒂经历了一段时期的惊慌和低迷，多亏友人波拉尼、卡下卡与法托利的安慰，他在那里又重新感到了绘画的乐趣。正是在1867年的夏天，他创作了一系列因规模大小、形式创新和情感内涵而令人肃然起敬的作品，如大受马尔戴利称赞的《马车上的波维》。

乔瓦尼·法托利

《帕尔米耶里浴场观景台》1866

木板油画
12 cm × 35 cm
1908 年加入收藏

一个明朗的夏日上午，几位女士停留在海滨，在一顶遮阳篷的阴影中躲避炽热的阳光。在为平行上色层构建的、明显水平走向的画面中——观景台空地上投着阴影的地面、阳光充足的明亮条带、海面、安提涅阿诺海角，炎炎夏日的淡烟灰色天空以及将整个空间结合起来的帐篷——色块以适当的方式靠近排列，如坚硬的石头组成的镶嵌物，讲究地紧密相连，构成了女子们的形象，尽管表达方式精简，却透露出人物的年龄、修养、品位、谈话的语调与精神状态。为了描绘这一当代的生活主题，法托利运用了与当时欧洲文艺界最新潮表达方式一致的实证主义严格解析法，以居斯塔夫·福楼拜的《包法利夫人》为例。这篇小说以洗练纯粹、内含强烈情感的平直叙述文为脉络支撑，其现代主题在当时曾被定义为“俗不可耐”。

一系列数量可观的底稿证实了画家对这幅画的精雕细琢，正因此画家才能够创作出如此完美的表现形式综合体。评论界在 20 世纪上半叶指出，在画中可以辨别出与贝阿托·安杰利科祭台画相呼应的成分。这幅画保存在画家的卧室中直至他逝世，1908 年被购入现代艺术画廊。少许笔触勾勒出坐在空地边缘的女子，那里帐篷的影子被闪耀的阳光所取代。与其他出现在场景中的人物一样，她也是画家以“率真的态度和极具现代气息的清新色彩”描绘的人物之一。

西尔维斯特·里格

《演唱民间歌谣》1867

布面油画

158cm×98cm

1985年卡尔洛·马尔基基金会捐赠给皮蒂宫现代艺术画廊

精彩的平衡画面与高超的人物表现手法，为既忙碌又平静的皮阿琴蒂那地区的巴戴利家族（也许画中的主角们是里格所爱的女子——维尔吉尼亚和她的姐妹们）的家庭场景注入了简单却郑重的基调。自1867年在佛罗伦萨展出起，这一画作的构图手法和表现方式就被认为是对文艺复兴时期绘画深入研究的成果。画家用纤细的光线勾勒出女子们的脸庞，阳光透过微云照射下来，在她们脸上笼上淡而集中的反光，这一画法似乎来源于皮耶罗·德拉·弗朗切斯卡。服装和房间的装饰具有现代感，为场景融入了一种备受煎熬但又克制的哀伤。那个年代的焦虑与不安，因佛罗伦萨城市的原始面貌的消亡而激化，启发里格创作了这幅兼具形式和道德价值的画作，画中的细节也被精心描绘，如特殊的服装和乐谱上的音符，都让人想起文艺复兴时期作坊中工匠的手工工艺和不断重复的动作。演唱民间歌谣这种经典的缓慢节奏，是对人类进程中值得尊敬的时期的回想，也是一位艺术家对变得日渐难以逃避的无情世界筑起的屏障。

戴莱马克·斯诺里尼

《阿尔诺河岸上》1863—1865

油画

19cm×33cm

迭戈·马尔戴利赠予画廊的全部收藏作品之一

阿尔诺河岸边开阔的景色中，挖砂工正在劳作。画家用一种类似水彩的绘画材料为画面涂上薄薄的颜色。背景处，初升的朝阳越过一排杨树点亮天际，山峦在日光的映照下显出一圈柔和的轮廓。最吸引斯诺里尼注意的是沙质河岸上小轮车轧出的沟壑，自开始绘画事业之时起，他就专注于如何通过画笔，将自然景象如实地转移到画布上。在迭戈的母亲，艾尔内斯塔·马尔戴利夫人的要求和推介下，这幅画参加了1865年的但丁百年诞辰展，在那里尤其因画作蕴含的“时间流逝之感”而被交口称赞。这是为我们所知的能展现斯诺里尼在皮阿琴蒂那时期绘画经历的少数作品之一。皮阿琴蒂那是佛罗伦萨市郊，1861年起西尔维斯特·里格开始在当地生活，开启了斑痕画派研究的绝佳时期。在那里，里格和波拉尼一样，都致力于描绘家庭生活场景，而这些与工业化仍保持着距离的旷野的魅力，则激发了斯诺里尼的灵感，促使他运用细致变化的色调创作出充满风情的恬静作品。几年之后，画家又根据这一主题绘制了一幅较大一些的作品，画中的景色经过了设计加工，变得更为复杂。

费德里科·占都蒙那奇

《迭戈·马尔戴利在书桌前》1870

布面油画
61 cm × 40.5 cm
原属艺术评论家迭戈·马尔戴利藏品，
后赠予佛罗伦萨市政府

1870年3月，艾尔内斯塔·马尔戴利夫人给远在巴黎的儿子迭戈写信道："我就不客气地直说了，我好好地看了你的肖像画，一点都不合我心意，你头上那顶贝雷帽就让人不忍看——这让我想起很多伤心的事情，所以如果在你回家时我还健在，我就把这幅肖像寄回家中给你，这也是另一个不错的理由，好让你尽早回来，变得更快乐，不再受经常困扰你的疾病和忧郁的折磨。"

一束稳定而明亮的光线从前方射来，勾勒出这位托斯卡纳知识分子的形象，他是斑痕画派的支持者，坐在书桌前，显得心事重重。正是这束光使画面在人物和其他物品间取得了平衡，从明快的色调——绿玉色的匣子、橙色的帷幔、天竺葵红的家居服绲边，还有背后炉子里燃着的熊熊炉火——逐渐过渡到纸张的白色上去。特写镜头式的取景和紧凑的画面将迭戈的形象局限在一个极为有限的空间内——夹在书桌和书架之间，突出了对作家工具的描绘——卡片盒、墨水瓶、记着笔记的纸张，与文艺复兴时期描绘圣人或思想家在工作室中的肖像画如出一辙。

卡米耶·毕沙罗

《修剪树篱》1878

布面油画

46.5 cm × 45.5 cm

原属艺术评论家迭戈·马尔戴利藏品，

后赠予佛罗伦萨市政府

农妇手拿着剪枝刀修剪多余的枝杈，为菜园留出足够的空间；天空中流云浮动，田地一直延伸到地平线上的房屋。仰望的视角突出了简洁的构图，为之后的上色层打下基础。画家用迅捷而浓郁的笔触，形象地描绘出菜园中茂盛的植被、妇人娇小的身影、树、田野和天空，着重突出了翡翠蓝色的基调，与农妇的白色裤子形成鲜明的对照。这幅画创作地很可能在蓬图瓦兹，画家曾在那里避居数年，其间对风景的热爱与日俱增。1878年，迭戈·马尔戴利将这幅画和毕沙罗的另一幅作品《暴风雨逼近》一起推荐给佛罗伦萨美术驱动者社团，两幅作品现今均保存在皮蒂宫现代艺术画廊。但是当时在佛罗伦萨，这两幅作品并没有获得任何赞誉，不仅是最保守的艺术评论家，就连与最时新艺术接轨的评论家，都在这种极为简化的、让他们感觉幼稚的画法前失去了品鉴能力。他们的不理解甚至让马尔戴利对友人产生了埋怨，最先受到责难的就有乔瓦尼·法托利。

阿尔多弗·托马斯

《春》1892

布面油画

150 cm × 200 cm

翁贝尔托·萨沃伊一世为佛罗伦萨博物馆收藏品购置

广袤的朝鲜蓟田地占满了画面的前景，画家对人物形象进行了极为弱化的处理。三月阴沉的一天，果树抽出些许缀着花朵的枝条，在阴云密布的天空中划出细微的纹理，画中只有火鸡鼓起羽毛，尾羽如扇形打开，在朝鲜蓟蓝绿色的植被中踱步，正是画作题目所指季节中典型的“早春天气”。这是托斯卡纳乡村的一幅忧郁的写意，如此“逼真”地描绘了乡村的贫穷破旧，并通过这种方式隐晦地表达出画家的焦虑和孤独，因他知道，大自然盲目地跟随着人类的沮丧——这也是欧洲自然主义文学的共识，特别是埃米尔·左拉的见解。阿尔多弗·托马斯钟爱左拉，他曾创作一幅名为《霜降之后》的作品——画着遭受霜冻之灾的卷心菜地，暗含着左拉的思想自1880年起引起了激烈的争论。作为西尔维斯特·里格的学徒，画家自幼就受托斯卡纳自然主义诗学的影响，表现手法在日后渐渐从青少年时期的戏剧化转向乔瓦尼·帕斯科里式的抒情动人。1894年，画家还为挚友帕斯科里的诗集《怪柳集》（*Myricae*）绘制了插图。

乔瓦尼·法托利

《第二个妻子的肖像》1889

布面油画
100 cm × 69 cm
里昂·安布隆捐赠给皮蒂宫现代艺术画廊

画中的女子已然不复青春，她用含情的目光注视着自己的新郎。画家在庄重的构图内进行人物形象刻画，让人想起15至17世纪的传统形象艺术，而用色也仿效了过去的杰出典范，其中最重要的就是凡·戴克的作品——画中通过考究的光和影的过渡描绘了女子的双手，精准地表现了这位画家的技法。人物形象位置稍稍偏离中心，只保留到膝盖部位，这一布局为画作注入一种因专注而产生的热烈的生命闪光，揭示了一种长期产生的信任和亲密——画家描绘了女子的眼镜、珠宝、扇子和左手中攥着的手帕——这也是画面中能打破与衣服、带笑的双眼及头

发的棕色相合的庄重色调的几抹亮色。通过这些手法，画作保持了一种非常庄重的正式感，完全不受画家和画中人日常亲密关系的影响。画中女子的姓名是玛丽安娜·碧佳琪，法托利作此画时已经和她保持了多年的关系，并在之后1891年娶她为妻。他们的婚礼就在女子的女儿茱莉亚嫁给画家的乌拉圭籍学徒，即多明戈·拉波尔特不久之前举行。

女主角双手放在腿上，持着合拢的扇子，毫无矫揉造作之感。细微利落的笔触勾勒出轮廓，中间的画面则覆满了柔和的油彩与跃动的光线，这是法托利成熟时期作品的标志性技艺。

布面油画
380cm×292cm
1891 年成为收藏

安东尼奥·齐赛利

《看看这个人》约 1891

“东方国度风格”建筑平直四方的白色造型在湛蓝色的天空下显得巨大雄伟，营造出一种光线效果，非常适合突出主体画面精细的逆光景象。

安东尼奥·齐赛利在宗教画和肖像画领域都颇负盛名，1870 年他受萨沃伊政府委托绘制一幅主题自选的作品，于是决定创作这幅《看看这个人》，一幅鸿篇巨制就此诞生。尽管在 1872 年，画家已经完成了油画样稿（现存于卢加诺市一家博物馆内），拟定了画面内容，他还是花费了大约二十年时间才完成创作。这幅巨制是齐赛利艺术生涯的概括，将抽象制图、莫莱利式的绘画内涵与具有象征意味的光线效果结合起来。在画家精心营造的逆光下，耶稣和彼拉多的身形显现出轮廓——一个因其羞耻的裸露而显得脆弱，另一个披着大幅的白色斗篷，在粗野的人群中显得鹤立鸡群。在他们身后，敞廊的半明半暗中，罗马的官员和士兵立等着判决下达，而彼拉多的妻子心绪不宁，背过身去回避这诸多暴力。画家受欧内斯特·勒内的读物和实证主义、唯灵论的影响，对作品主题的诠释朝超越认知、无须通过科学分析解释的层面延伸扩展。画面场景的历史设定符合 19 世纪下半叶的宗教画，画家以高超的表现水准描绘了神圣的场面，加重了其悲怆感。

盖塔诺・普莱维阿提

《草地上》（一名《早晨》）约 1889

布面油画
62 cm × 56 cm
1912 年购于第十届威尼斯双年展

这是普莱维阿提以“碎片式用色的新技法”所创作的首批作品之一，正如画家自己在写给兄弟的书信中阐明的那样，这一灵光乍现也来自于偏向“日式风格”的画面解构中。绿色的草坪和蓝色的天空，两种鲜艳的色调将画面分成简明扼要的两片，画面中央是夹竹桃蔓生的枝条，朝着日光蜿蜒，两边镜像般各坐着一名幼儿，一名妙龄女郎朝向他们款款而行。强烈而漫射的光线浸没了由线稿和丰富的油彩绘就的画面场景，非常适合表现以稠密隆起的颜色为载体的分割主义绘画技巧。女子和两名婴孩的衣着具有画作创作时代的明显印记，画面倾泻出的梦幻感因此更为强烈。正如画作背后的一张标签证明，1898 年画廊拥有者埃尔贝托・格鲁毕赛买下了这幅画——他是普莱维阿提艺术专注的推动者也是热忱的欣赏者，与之一并买下的还有画家工作室中其他所有作品。米兰现代美术馆中藏有一幅几乎相同主题的粉彩画，创作于此画完成的十年后。

在墨蓝色的天空和鲜绿色的草坪中间，小婴儿身穿白色衣衫——几乎像是一个碎布娃娃——升华了如釉彩造就的画面的梦幻感。

梅达多·罗素

《救济灶边的婴儿》约 1892—1900

青铜
35 cm × 37 cm（最大处尺寸）
1920 年荷兰女作家爱莎·弗雷斯捐赠

襁褓中婴孩的胖乎乎的、愉快的笑脸从青铜粗糙的板层中显露出来。孩童的面容因其头戴的雪花状婴孩帽而愈发亲切可爱。画面与标题产生距离感对比，无疑是画家采取的更动人心扉的策略，让人不由想到在艰难时日里，这个孩子注定无法衣食无忧地成长。这一主题在 19 世纪末期的文艺界极为鲜见，并不是因其社会影响，正如 20 世纪 70 年代的艺术评论所言，而是因这类题材对人心的拷问与折磨。

对于雕塑材料的生动诠释在光线的照射下表现得更为明显。艺术家运用合适的材料塑造雕像，并巧妙地借助了光线，这一技巧是典型的“印象主义”风格。作为“斯卡皮利亚杜拉文艺运动者”朱塞佩·葛朗蒂的学生，罗素于 1884 年迁到巴黎，在那里不断累积信心，渐渐远离了传统的雕塑技法——其中最重要的即三维空间概念——而加入了强烈的绘画表达色彩，偏离了所有的经典准则，以此在“二战”后成就了自己的名声。皮蒂宫中的这尊并不是原件，而是之后的熔铸，1900 年时，原件曾受邀参加巴黎世界博览会展览。

乔尔乔·凯内克

《月亮升起》(一名《夜，托斯卡纳田园》) 1897

布面油画
164 cm × 248 cm
1995 年加入收藏

一轮饱满的圆月从远山的轮廓里升起，日光渐隐的天空中，山峦的边缘颤动而柔美。画家运用纤毫入微的笔触描绘了这一场景，出人意表地符合此刻天色将暗未暗的神秘感。

五分之一的枝叶跃动着，就像在夏日初夜托斯卡纳田园醉人的景色中织成一幅大幕，引导人们观赏风景——从前景中无数绿和蓝的碎片绘就的丛生的茂密灌木，慢慢延伸直到天际——在那里，一轮治愈系的神秘满月徐徐升起。此时天色昏蒙，大地与山谷里遍布的民居的围墙留住白日的最后几抹余晖。整个画面就像一首用晦涩隐喻的语言写成的自然诗篇，与熏陶凯内克发展的、托斯卡纳绘画的唯真主义内涵相去甚远。画家在 19 世纪 90 年代居留热那亚期间，吸收了普林尼奥·诺梅利尼特殊的分割主义表达技巧，对类似概念的"同类"风景有所借鉴——这类托斯卡纳境内的风景在帕斯科里的诗歌中可以寻得深层的对照。同时，这幅作品也显示出与帕斯科里语言研究的相似性——画家通过创作发明，在简单的自然片段中注入玄奥与神秘，在底稿中则用简洁有力的细小笔触取代鲜艳颤动的笔法。1897 年，这幅画在佛罗伦萨美术学院的展览上展出，直到 1995 年前都保存在画家的家族中，之后才进入画廊，成为收藏品。

布面油画
198 cm × 198 cm
1993 年加入收藏

普林尼奥·诺梅利尼

《维尔希里亚的中午》约 1912

一组由长颈大肚酒瓶和带有少许流行装饰的瓷器构成的静物被放置在前景中枯黄的草地上，暗示画家在主题延续性中借由传统寻求艺术创新源泉的意图，但这种传统在意大利只是地域性的。

在花园中的桌子周围，松树的树荫里，母亲给最小的女孩喂食，稍大些的男孩们仍然坐着，等待母亲允许他们起身。为了让这幅工作日的幸福画面更为完整，两位女伴打着阳伞，进入了我们的视野。色彩涂层交织着细丝状的肌理和颤动的纹路，如同攫住了光线——画家原先提倡分割主义技巧和通过色彩而突出的流畅的笔触，以描绘符合邓南遮派史诗氛围的活泼而动人的自然景象，但是数年前突然放弃了这一画法，转向和印象主义画家同样的以感觉为主导的风格，在改良绘画技法的基础上，创作了这幅作品。此画作于弗萨·阿巴代地区的维尔西里亚，自 1907 年起，诺梅利尼就在那里一间自己设计的屋子里面居住。画家获得的成绩远远超越了印象主义：画中满溢的情愫与构图巧妙隐藏的复杂性表明，画家选择重拾形态的传统价值来表现对现在、对透过充满温情的眼神观察的日常生活以及一闪而过的情感迸发的爱，以此来更新自己艺术的内涵。而前景里的静物，一个长颈大肚啤酒瓶和一些当地产的瓷器，则暗示了画家希望重申与过去——这一革新源泉的连续性。

安杰洛·莫尔贝利

《犹忆我青春少艾》1889—1890

纸板油画
45 cm × 69.5 cm
维多里奥·阿里纳里赠

画作描绘的是济贫院的餐厅，主题极为哀伤，与米兰皮奥·特里乌尔奇奥收容所的内部格调相吻合。19世纪和20世纪之交时，画家在此地描绘备受痛苦煎熬的人物形象。桌面明显倾斜的角度显示出老妇人们所在的大厅的巨大和简朴——这里的每一位都曾有着自己的故事，却在命运面前变得苍白无力，沦落到衣着和举止泯然众人、毫无个人特色的境地，只得静待死亡的降临。欧洲社会在跨入新世纪时饱受的奔忙和焦虑的折磨表现为孤独感和疏离感，或是在人性与尊严遭到日常生活侵蚀和吞噬的画面中具象化的存在主义的痛苦——如同比利时雕塑家梅尼尔塑造的消瘦憔悴的工人、老人和农民，对当时的艺术文化影响深远——莫尔贝利的作品也正体现了这一点。这幅画完成于1889至1890年间，之后成为另一幅1903年威尼斯双年展上展出的微型画作的样本。画家正是在作画时期开始对类似主题产生兴趣。画面设计的熟练与用色的力度证明了画家经过了细致的精修和反复的推敲，以百分百稳妥地确定影响画面气氛的细节部分，这也是画家对于新印象派研究（分割主义画派）的主要目的。

阿尔贝托·马涅利

《激情迸溅之七》1918

布面油画

125 cm × 140 cm

根据画家遗嘱，本画作为给佛罗伦萨市的遗赠

色彩构成形状，赋予了画面匀称的装饰感——20世纪20年代的巴黎为欧洲日新月异的形象艺术文化表现手法提供了卓越的舞台，画家因此倍受鼓舞，在筹谋酝酿之后创作出这幅作品。1918年，在亲自参与的响应时代召唤发展的潮流开端，画家完成了这幅作品——喜人而生气勃勃的画面中两名女子正待翩翩起舞，未来主义者丰富的用色与综合主义的结构相结合，与装饰风艺术协调的简化的线条以及立体主义的最新成果相和谐，与之后将支配佛罗伦萨杂志《索拉里亚》（1926年由阿尔贝托·卡洛奇和乔瓦尼·克拉齐吉创办）的主旨精神合拍，并使画家开始重新考虑自己的艺术生涯轨迹。画家在巴黎的经验可以追溯到1914年。在那里他受到鼓舞，怀着激动的心情学习、研究先锋艺术的表达形式，即倾向于根据严格的计划性的理念革新艺术，最终走向抽象主义。抽象起源于马涅利的创造，正如画家作品的鉴识行家毛乌里奇奥·法乔洛·德拉尔克强调的那样，是严谨的知识分析的结果——从托斯卡纳文艺复兴传统中继承而来——画家分析了周围的现实，以做出改变其面貌的诠释。

伊丽莎白·查普林

《穿红色披肩的自画像》1912

布面油画

104.5 cm × 74 cm

1974 年纳入馆藏

画家于二十芳华之时，在菲耶索勒完成了这幅自画像的创作。查普林家族在20世纪初就迁居此地，伊丽莎白自幼在那里习画，孜孜不倦地造访佛罗伦萨大小博物馆，并有幸结识了如伯纳德·贝雷松和毛里斯·丹尼斯这样具有国际声誉的文人雅士、艺坛名流。

侧面像刻画在从古老绘画原料——青金石——中提取的湛蓝色背景上。年轻的女画家展现出既甜美又高傲的神情，透过投射在墙上的暗影，整个画面满溢着微妙的神秘感。些许鲜妍的色彩跳脱而出，巧妙地靠近排列，使画作更显珍贵，同时点明了创作的文化环境。着色以纯净光线照亮的高明底稿为基础，色块边缘简洁，体现了画家对丹尼斯所主张的新传统主义的审美理论的兴趣。这一美学理论在佛罗伦萨流传甚广，以高更和塞尚的风格特色为基础，指明了在形象和情感审慎的平衡中，在不背叛叙述内容或与天性关系的前提下革新形象语言的方式，以及在对艺术的精神和社会目的的信念中，如何不丧失对家庭和日常情感的想象与亲切的追求。1974 年，画家将这幅画和她在菲耶索勒圣多梅尼科的“特莱别德”别墅中收藏的全部作品一起，捐给了皮蒂宫现代艺术画廊。

阿尔芒多·斯帕蒂尼

《亲密无间》约 1920

布面油画

107 cm × 100.5 cm

1985 年卡尔洛·马尔齐基金会所赠

这幅画作于第一次世界大战结束后不久，是画家成熟时期的扛鼎之作，克服了印象主义对形状的解构，渐渐转向形式和结构上的新型连贯性。正如 1927 年，阿多尔夫·文杜里所记述的——斯帕蒂尼在“新娘和孩子们可爱的面容中”找到了与他感受相契合的灵感，并因此最终“实现了他的艺术梦想”。画面布局紧凑，视角自下而上，突出了家庭生活场景的亲密性，在这不常见但无疑感人的角色对话中，女孩呈保护姿势，而母亲坐在白铁的破床上神情哀伤。画家正是运用白色，在不同色调间巧妙转化，从前景中明亮的石膏白袜子过渡到泛着珠光的粉色衣衫的少女——画作主角身上——其中对久远世纪传统形象画法的借鉴式微，而恣肆地转向了具有印象主义（看到母亲脚穿的黑白两色鞋子，类似斗牛士的款式，怎么能不想到马奈的“西班牙风格”）和当代风格绘画内涵的技艺——桌布上成片的红色和紫罗兰色花纹，岂不正暗示着同时代的马蒂斯？经过对前期一系列预备草图以及 1924 年第十四届威尼斯双年展上展出的一幅样稿的推敲和精研，画家最终创作出这幅作品。

盛放工具的篮子靠在床脚边，系有天蓝色缎带的剪刀在雪白的裤子的映衬下十分明显。这是宗教改革运动时期“圣母受孕”题材画作的典型参照，以托斯卡纳画家为例，可参见亚历山大·阿洛里的作品。

布面油画
60 cm × 50 cm
1933 年由路易吉・比萨继承人捐赠给画廊

奥斯卡・吉利亚

《静物》1925

石质的餐桌上放置着些许日用物品，丰富了简朴严肃的静物画，画中一本封面翻开的书以及玉兰密匝匝的油亮的绿叶，赋予画面形而上学之玄奥氛围。画家为重申取景的倾斜度，选取澄澈而稳定的光线从高处射向左侧，突出了这种感觉，在桌布、叶子后的玻璃瓶身和墙面上投下清晰的暗影。在以朴素为基调的平淡而和谐的配色中，装满了橙子的陶盆成了统一画面的元素，

这是明显的对塞尚的致敬，除此之外也体现在细小而浓厚的上色方式这一绘画手法上——吉利亚在 20 世纪初期就已习得这一技术，当时他因与法国画家亨利・普雷奥克斯熟识而受到激励，感到需要超越印象主义的形状“碎片式解构”画法，而不放弃形象间有感染力的、情感方面的价值，于是逐渐向新传统主义的美学观念靠拢。自此以后，他开始转向对于颜色综合及简化的全新研究，和谐分配的颜色经过斟酌，紧密排列，以此为基础的画法很早便受到雨果・欧杰第的赞赏。此人是吉利亚作品认真的推崇者和收藏者，也是画家的顾客之一。

白色的桌布上放着一个盛着橙子的陶盆——很明显是向塞尚致敬——这是吉利亚参考其作品的证明，不止形状平衡的准则，画面的简洁性、尺寸和绘画技法都经过了反复考量。

奥托涅·罗塞

《卡尔米内广场》1922

布面油画

50 cm × 72 cm

1941 年购于第七届法西斯省际联合会展览

这是佛罗伦萨的古老广场，尽管画作并没有表现出其壮观的规模（在这一广场上耸立着卡尔米内圣母大教堂，在其他的作品中，教堂上还绘有马萨乔和马索里尼·帕尼卡勒的湿壁画），但更能唤起人们对广场安静祥和气氛的记忆以及对郊外的幽幽思念。画家小心翼翼、锲而不舍地绘制房屋和超过围墙的屋顶——在灰泥墙和屋顶瓦片的白赭交错的凸显下，这些建筑不断平淡无奇地重复，唯一一抹惹眼的颜色是修道院围起的院子里一株粗壮的树。正是这横向走势的院墙向我们展现了画作经过简化处理的设计效果。通过作品中多次出现的斑痕画派的典型技巧，画作回溯了马萨乔湿壁画简朴的庄严感。画中精致而基本的色谱也是经过反复考量的。如此这般，画家运用油画的方法创作了这幅作品，效果却比油画更浅淡轻薄，更像一幅湿壁画。第一次世界大战后不久，未来主义的滥觞告一段落。年轻的罗塞偏好专注而深思的独处，从未流于平庸的表现手法，他重拾起自己极具拟古主义色彩的绘画手法，并糅合 13、14 世纪风格的变调——这一时期的绘画风格暗含着对现实的扭曲和变形，从城市景观与日常生活场景上所运用的暗色调中可见一斑。

阿尔登格·索菲奇

《仪式队伍》1933

镶板湿壁画

174 cm × 154 cm

1956 年由里昂·安布隆赠给画廊

农妇的形象以 15 世纪托斯卡纳艺术为参考创作而成，她的脸上皱纹满布，神情严肃而专注地前进。在画家的笔下，这些形象充满着深切的忧郁，暗示原本确信能够革新绘画技术的画家行迈靡靡——20 年代前期的乐观情绪已逐渐消耗殆尽。

三名上了年纪的妇女沿着乡间的道路，跟着仪式队伍缓缓前行。在托斯卡纳风光的缩影中，近距离、自下由上的取景方式突出了她们雕塑般庄严的轮廓。整幅画以褐色偏绿的色调为基础，提升了充斥着画面场景的专注和寂静，让人回想起文艺复兴之前画家的艺术，而透过画作运用的湿壁画的技巧和表面整体上色的方法，这种感觉愈发明显。在最高的山峦顶上立着成排的三棵小柏树，与 19 世纪的现实主义绘画，如库尔贝和法托利的风格不谋而合。同时符合这场形象运动中最时新的评论注解，如雨果·欧杰蒂和里欧内罗·文杜里的理念。早在 20 世纪 20 年代初，索菲奇就开始研究学习法托利的作品，以弥补艺术中缺失了的灵感、综合以及形体简化的真实价值——这是画家在“拨乱反正”时期探寻形象艺术过程中最基本也是最重要的元素——米诺·马卡里的杂志《野》与文学国家主义论的美学一脉相承，作为其负责人，这位里沃那画家积累了丰富的经验，他的作品因与 19 世纪托斯卡纳社会十分融洽的深刻联系脱颖而出，也成为反对当时意大利社会庸俗的文化和消费的旌旗。

普瑞莫·孔蒂

《女童与蝴蝶》1933

布面油画

53 cm × 43 cm

1934 年购于第十九届威尼斯双年展

一时间，小女孩将目光从有插图的书页上移开，带着惊奇的眼神注视前方。背景模糊难辨，不知她身处何处，而对人物的刻画方式兼具现实主义和神秘色彩，类似文艺复兴时期的肖像——小女孩坐着阅读的姿势也让人联想到这一时期。如果说回溯过去数个世纪的经典传统是 20 世纪托斯卡纳画派的基石，那么孔蒂按照严格的类比方式，将 16 世纪上半叶肖像画的构图和思想在画中诠释，展现出儿童强烈的清新和治愈力量，这一技

艺仍是令人惊艳的。在此画创作期间，孔蒂已经是名被人认可的画家，从业逾 20 载。伴随着 20 世纪的到来，呱呱坠地的他自年幼时起就开始了绘画生涯，起初颇具野兽派风格特色，而后又加入了未来主义运动。在 20 世纪 20 年代初期，为了恢复新传统综合主义，他开始以塞尚为范例，转向以过去的艺术为基础、以古典的方式构建审慎的画面形象。画中人物正是画家的女儿之一。1934 年，此画在第十九届威尼斯双年展上展出，借此契机成为画廊的藏品。

插画书上绘有蝴蝶，画家选用红、黄、蓝三色，以童稚的笔法为蝴蝶双翼着色。画面装饰简单，笼罩着诗意，就像孩童的识字读本，透出魔幻现实主义抽象图案梦幻般的光洁与明亮。

菲力切·卡莱纳

《使徒》1926

布面油画
135.5 cm × 190 cm
1926 年购于第十五届威尼斯双年展

从 1924 年起，卡莱纳在佛罗伦萨美术学院执教，这幅画正是作于画家居留佛罗伦萨期间。画中的神圣场景布局紧凑，宏大而不失简朴，通过将色彩按部就班紧密地铺陈，体现出画家在画面平衡、秩序和度量方面所受塞尚的影响——画家所处的 20 世纪初期，艺术界在继承传统的基础上不断创新——而画家紧凑、水润的细微笔触也让人不禁想起塞尚的技艺。不过，当时的卡莱纳已经是一位成熟而具有丰富形象艺术经验的艺术家。他根据个人见解，精心研究他山之石，将个人积累与从乔托为始至当代的艺术家的自由思想相结合——画中这些在峻石丛中沉沉入睡的使徒便是其充分体现——他们摆着古代绘画中常见的姿势，仿佛唤起了我们对 16 世纪维内托画作中著名人物形象的记忆。作品选用使徒在即将揭开神圣的谜团之时陷入沉睡这一主题，让人觉得画家仿佛亲身经历了这些精神烦扰，诱使他摒弃了古典绘画技法，转而追求突破形象模式局限的表达方式。

巴乔·玛利亚·巴齐

《切切里山的采石工人小憩》1925

布面油画

100cm × 166cm

1926 年购于第十五届威尼斯双年展

这幅画气势宏大，全篇着色，突出了酣睡中的采石工人——他们的姿势沿袭了托斯卡纳地区 14、15 世纪杰出的传统人物肖像。简练果断的画面中，来自乔托在斯科洛梵尼礼拜堂所作壁画的影响十分明显——不仅画中有坐着以手扶头的人物，而且画作全篇都显示出 17 世纪绘画的印迹。1922 年时，在皮蒂宫就曾举行过一场重要展览，向世人展示了 17 世纪绘画的权威代表作。本画作栩栩如生，跃然纸上，充满卡拉瓦乔遗风，自此画作后这一逼真的画法成为画家“正式”画作的固有特色。早在 20 年代初期，画家就已经成为一青年艺术家联合社中的佼佼者。社中艺术家均受新型的“理想古典主义”启发，以形貌的高品质、柔和温情的主题为准则，不久便以托斯卡纳地区“20 世纪运动”之名流传于世，其中玛格丽特·萨尔法蒂在米兰地区推动的艺术运动是最为显著的例子。然而与米兰运动不同的是，这一画派推崇矫饰的地域性特色，画派的良师益友，文学家拉法埃罗·弗朗基也曾多次强调这一点。这幅画和卡莱纳的《使徒》一样，都是在 1926 年第十五届威尼斯双年展上购得的。

佛罗伦萨皮蒂宫

参观指南

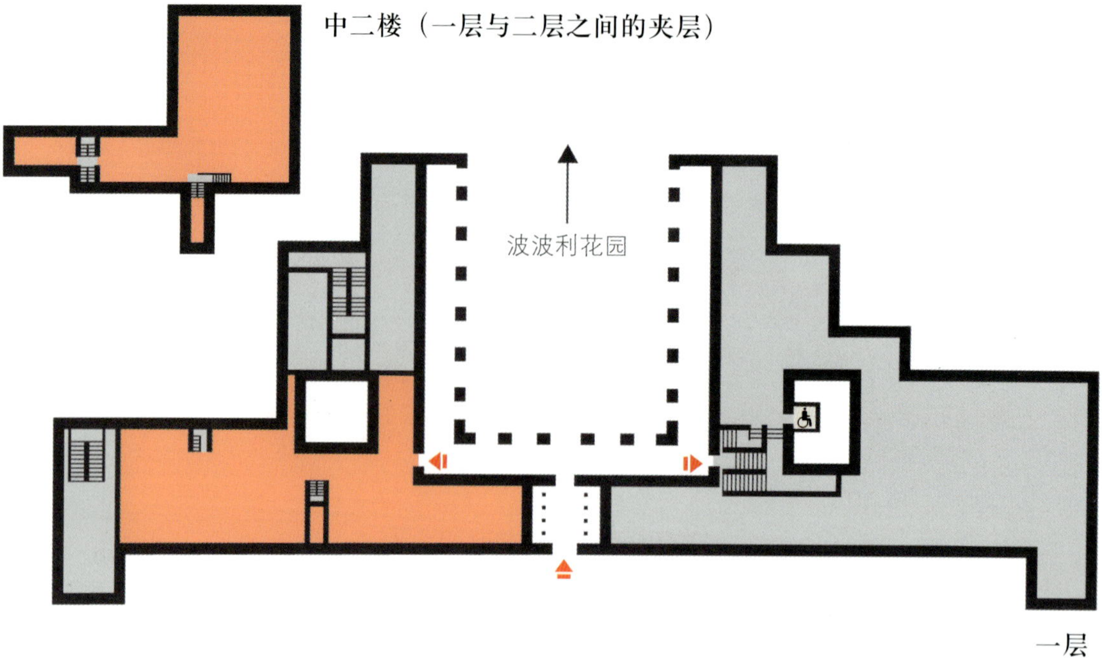

银器博物馆

帕拉蒂那画廊

皇家寓所

花毯套房

日暑楼

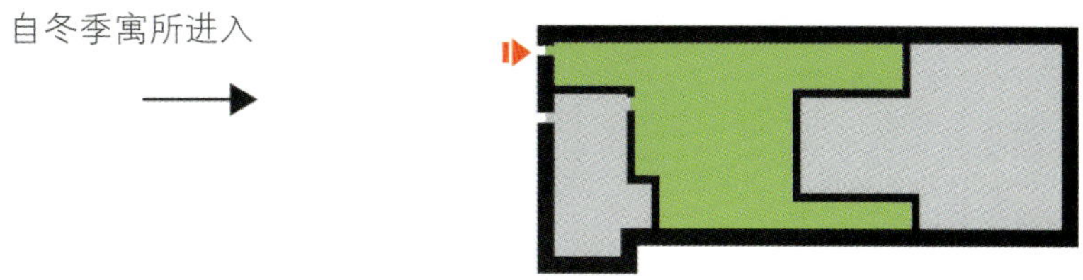

一二层间夹层

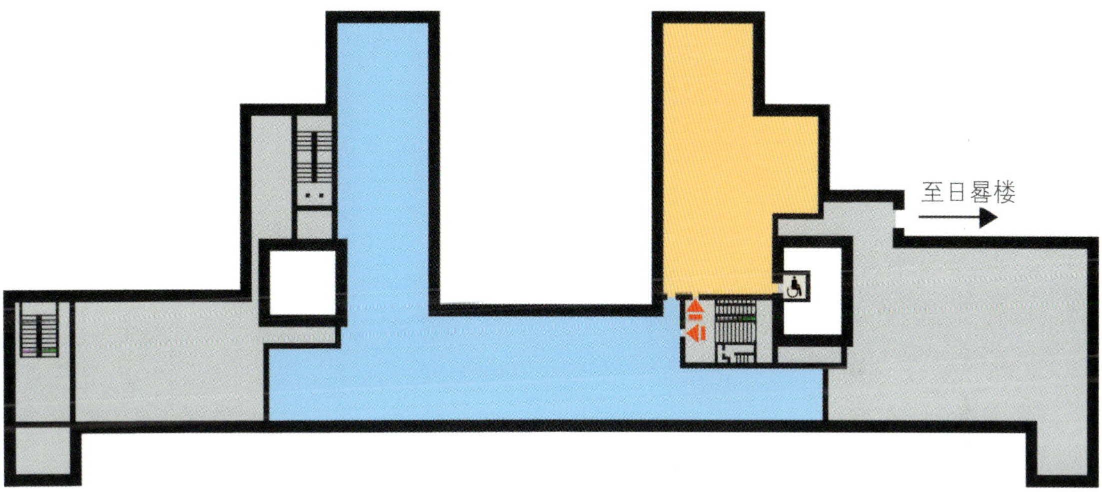

三层

- 现代艺术画廊
- 冬季寓所
- 风俗陈列室

艺术家和作品索引

图书在版编目（CIP）数据

佛罗伦萨皮蒂宫 / （意）西尔维斯特拉·贝托莱蒂编著；项好译. — 赤峰：内蒙古科学技术出版社，2018.1（2023.6重印）
（伟大的博物馆）
ISBN 978-7-5380-2925-3

Ⅰ. ①佛… Ⅱ. ①西… ②项… Ⅲ. ①博物馆–介绍–佛罗伦萨 Ⅳ. ①G269.546

中国版本图书馆CIP数据核字（2018）第025740号

佛罗伦萨皮蒂宫

编　　著：〔意〕西尔维斯特拉·贝托莱蒂
译　　者：项　好
责任编辑：许占武
封面设计：李　莹
出版发行：内蒙古科学技术出版社
地　　址：赤峰市红山区哈达街南一段4号
网　　址：www.nm kj.cn
邮购电话：0476-5888970
印　　刷：三河市华东印刷有限公司
字　　数：120千
开　　本：787mm × 1092mm　1/16
印　　张：10.25
版　　次：2018年1月第1版
印　　次：2023年6月第2次印刷
书　　号：ISBN 978-7-5380-2925-3
定　　价：148.00元

如出现印装质量问题，请与我社联系。电话：0476-5888926，5888917

Published by arrangement with Atlantyca S.p.A.
Original Title Palazzo Pitti Firenze
Text by Silvestra Bietoletti

Photo Reference

Archivio Mondadori Electa, Milano / su concessione del Ministero per i Beni e le Attività Culturali
Foto Antonio Quattrone, Firenze
Foto Bardazzi, Firenze
Rabatti & Domingie, Firenze
Foto Scala, Firenze / su concessione del Ministero per i Beni e le Attività Culturali
L'editore è a disposizione degli aventi diritto per eventuali fonti iconografiche non individuate.